Die Autorin

Angelika Hansen stammt aus Köln und arbeitete in zahlreichen Berufen u.a. auch als Schauspielerin für Fellini. Seit über zwanzig Jahren bereist sie als Journalistin, Übersetzerin und Autorin die Welt. Sie lebte längere Zeit in den USA, Australien und Ostasien. Die Weltenbummlerin hat keinen festen Wohnsitz und berichtet in ihren Büchern von den Menschen und Kulturen, denen sie auf ihren Reisen begegnet.

Von der Autorin sind in unserem Hause erschienen:

Begegnung mit dem Schamanen
Sundance

Angelika Hansen

Sundance

Die Rückkehr der indianischen Spiritualität in Nordamerika

Ullstein

Besuchen Sie uns im Internet:
www.ullstein-taschenbuch.de

Ullstein Esoterik
Herausgegeben von Michael Görden

Umwelthinweis:
Dieses Buch wurde auf chlor- und säurefreiem Papier gedruckt.

Neuausgabe im Ullstein Taschenbuch
1. Auflage März 2007

Umschlaggestaltung: FranklDesign, München
Umschlagillustration: Shivananda Ackermann/
www.artshivananda.com
Druck und Bindearbeiten: GGP Media GmbH, Pößneck
Printed in Germany
ISBN 978-3-548-74331-8

Inhalt

»If someone is willing to take upon him
the hardship and pain of the Sundance,
the color of his skin does not count.«

»Wenn jemand bereit ist,
die Entsagungen und den Schmerz
des Sonnentanzes auf sich zu nehmen,
spielt es keine Rolle, welche Farbe seine Haut hat.«

Victoria Chips, 88, Mutter von
Godfrey Chips, Lakota-Medizinmann

Danke…

Michael Two Feathers dafür, dass er so ist, wie er ist, und sich nicht scheute, mir von seinem Leben zu erzählen, und für unsere Tränen.

Danke auch Peter, Linda und Jim. Ohne euer Vertrauen hätte ich viel zu wenig zu sagen gehabt, wenn mir auch das Herz voll ist.

Wie immer Marion, with love.

Meiner Wahlfamilie, Sondra, Jim, Susan und Mark, die mich liebevoll davon abhielten wegzulaufen, als ich mich nicht zugehörig fühlte (ein altes Problem).

Und ein großes Dankeschön an meine Leser, deren Reaktionen auf meine erste Veröffentlichung, »Die Begegnung mit dem Schamanen«, meine schönsten Erwartungen bei weitem übertrafen. Ich hoffe, dass dieses Buch Sie genauso inspiriert, und freue mich, von Ihnen zu hören.

Vorwort

Es gibt meines Wissens im westlich-europäischen Kulturkreis keine Zeremonie, die man mit dem Sonnentanz vergleichen könnte. Ich habe lange überlegt, wie ich es am besten formuliere, ohne den skeptischen und wenig zu augenfälligen Emotionen neigenden Leser abzuschrecken, doch mir ist nichts Treffenderes eingefallen: Der Sonnentanz vermittelt eine Erfahrung von Liebe, Freundschaft und Brüderlichkeit in einer Weise, wie wir es in unserer Kultur nicht kennen.

Wenn ich jemandem vom Sonnentanz erzähle, der noch nie dabei gewesen ist oder höchstens hier und da einmal mit Schrecken etwas von »durchstochener Haut« oder »Blutopfer« gehört hat, ist die Reaktion oft eine Mischung aus Entsetzen und Unverständnis. Wenn ich erläutere, dass sich die Tänzer die Haut auf der Brust oder auf dem Rücken durchbohren und daran Haken aus Adlerkrallen oder Holz befestigen lassen, an denen ein Strick festgebunden wird, der sie mit dem Sonnentanz-Baum verbindet, dem Symbol des Lebens, und von dem sie sich zu einem bestimmten Zeitpunkt losreißen, weiten sich die Augen der Zuhörer vor Entsetzen. Die meisten stellen sich dann vor, wie das Blut fließt und die armen, bemitleidenswerten Tänzer unverständliche Qualen leiden.

Nichts könnte weiter von der Wahrheit entfernt sein.

Es steht außer Frage, dass das Durchbohren der Haut und das Losreißen Schmerzen verursachen. Doch hier muss man wissen, dass ein Mensch, der sich entscheidet, am Sonnentanz teilzunehmen, dafür einen sehr triftigen Grund hat. Nicht nur verpflichtet er sich dem Leiter des Sonnentanzes, sich selbst und nicht zuletzt den *Tunkashilas** gegenüber, viermal an dieser Zeremonie teilzunehmen – in der indianischen Tradition ist die Vier die Zahl der Vollendung –, sondern das, was ihn dazu veranlasst hat, sich dieser intensiven Erfahrung auszusetzen, hat mit Liebe zu tun, die bereit ist, ein Opfer zu bringen, und nichts mit egoistischen Motiven, die auf Stolz, dem Erringen persönlicher Kraft oder Ähnlichem basieren. Ich könnte mir vorstellen, dass in einem solchen Fall der Tänzer schnell feststellen wird, dass seine Kraft nicht ausreicht, um den Sonnentanz durchzustehen. Doch Liebe und der Wunsch, anderen Menschen mit diesem Opfer zu helfen oder seinem Dank für etwas Ausdruck zu geben, das ihm oder ihr widerfahren ist, verleiht dem Tänzer die Kraft, den Tanz nicht nur

---

* Erklärung der englischen und Lakota-Begriffe im Glossar ab Seite 145.

durchzustehen, sondern emotional und geistig reifer und durchaus auch gesünder daraus hervorzugehen.

Es gibt viele Gründe, warum jemand – Mann oder Frau – tanzt: zum Beispiel Dankbarkeit für etwas, das eingetreten ist, sei es die eigene Genesung oder die eines geliebten Menschen von einer Krankheit; der Tanz als ein viertägiges Gebet (denn das ist der Sonnentanz), beispielsweise in dem Wunsch, ein gesundes Kind zu bekommen; oder das Bedürfnis, zur Heilung der Erde und allem, was auf ihr lebt, beizutragen. Viele Teilnehmer – Indianer wie Nichtindianer – nehmen die Härte des Sonnentanzes auch für das Wohl der Gemeinschaft auf sich und nicht nur für das Wohl einer speziellen Person.

Es nehmen sowohl Männer als auch Frauen am Sonnentanz teil, doch gibt es hier einen wichtigen Unterschied. Die Männer lassen sich die Haut auf Brust und Rücken durchstechen, *piercen*, die Frauen nicht. Der Grund dafür ist, dass eine Frau bei der Geburt eines Kindes ihr eigenes Fleisch und Blut gibt, bereit, ihr Leben zum Wohle ihres Kindes zu opfern.

Männer tun das zuweilen auch, jedoch meistens im Rahmen kriegerischer Auseinandersetzungen oder Kämpfe. In friedlichen Situationen und mit der Absicht, für das Wohl eines anderen oder aus Dankbarkeit freiwillig dieses Opfer zu bringen, ist dies mit Sicherheit eine völlig andere Erfahrung. Und spätestens am Nachmittag des letzten Tages der Zeremonie, wenn die Männer und Frauen völlig erschöpft die Reihen der anwesenden Freunde und Familienmitglieder entlanggehen und jeden Einzelnen mit ihren Fächern aus Adlerfedern berühren, ihn auf diese Weise segnen und zu seiner Heilung beitragen – manche wunderbar kraftvoll, andere ganz sanft und zart –, spätestens dann merkt man, wie viel Liebe und Mitgefühl die Herzen der Tänzer erfüllt.

Als ich selbst vor einigen Jahren zum ersten Mal am Nachmittag des vierten Tages das geweihte Rund des Sonnentanzes betrat, war mir, als würden meine Füße kaum den Boden berühren. Ich empfand den glühenden Sonnenball am Himmel völlig neu, strahlender und ehrfurchtgebietender, und die Männer und Frauen, deren Tanzen ich vier Tage lang als mitempfindende Zuschauerin erlebt hatte, erschienen mir beinahe »übermenschlich«, mehr Geist als Körper, mit Augen, die etwas gesehen hatten und ausstrahlten – wenn ich es wagte, sie anzusehen –, was ich höchstens erahnen konnte. Seither habe ich mehrere Male als Beobachterin an einem Sonnentanz teilgenommen, doch die Berührung mit den Federn der Adlerfächer, das Schluchzen einzelner Teilnehmer, das aus der Tiefe ihrer Seele zu kommen scheint, das liebevolle, erschöpfte Strahlen ihrer Augen berühren mich jedes Mal zutiefst. Noch Stunden später laufen mir immer wieder dankbare Tränen über die Wangen und ich trete, wie auch dieses Jahr, leicht und froh und dankbar aus dem Mysterienkreis heraus.

Irgendetwas passiert dort, das spüre ich. Nicht nur in dieser letzten Runde, sondern während der ganzen vier Tage; etwas Wunderbares, Heilendes, wenn ich auch nicht genau sagen kann, um was es sich dabei handelt. Aber noch Tage später fühle ich mich so wohl, so leicht und rein in meinem Inneren, und dabei habe ich gar nicht am Sonnentanz selbst teilgenommen. Die Intensität, die Liebe, die dort freigesetzt wird, ist ein Geschenk für jeden, der das Glück hat, anwesend zu sein. Und dieses Glück steht jedem frei, der sich angesprochen fühlt und die Dinge auf sich nimmt, die erforderlich sind, um als *Supporter* oder Tänzer dabei zu sein.

Angelika Hansen,
Goonengerry, New South Wales, Australien,
im Dezember 2001

Die Stimme der Autorin, die bislang nicht den Mut hatte zu tanzen

Einleitung

Der Mond steht voll und leuchtend am klaren kalifornischen Nachthimmel. Ich befinde mich allein im Solstice Canyon nördlich von Malibu, zwanzig Minuten von meiner Wohnung in Santa Monica entfernt. In der mondlichtdurchfluteten Dunkelheit erlebe ich die glühenden Tage des Sonnentanzes wieder und mein Herz ist froh.

Am Morgen dieses 13. August war ich eigenartig lustlos und genervt aufgewacht, ein Gefühl, das auch im Laufe des Tages nicht verschwand. Am liebsten wollte ich niemanden sehen und hören, was mich aber nicht davon abhielt, mich dem Verkehr von Los Angeles auszusetzen. Ich wollte unbedingt raus aus der Stadt, das einzige Mittel, das mir in solchen Momenten hilft. Mein Ziel war ein sonnenheißes und meist menschenleeres Stück Strand in Malibu. Dort angekommen, fand ich mich in einer unerwartet zahlreichen Menge von Badelustigen wieder, was meinem Bedürfnis nach Alleinsein und Rückzug in keiner Weise entgegenkam. Trotzdem ging ich ein wenig ins Wasser, ließ mich von den schäumenden

Wellen des Pazifiks beuteln und legte mich dann eine Weile zum Trocknen in den Sand.

Doch leider gab mir auch das mein Wohlbehagen nicht zurück. Im Gegenteil, ich fühlte mich noch bedrückter und wusste, dass jetzt unbedingt eine Dosis wirklichen Alleinseins in der Natur angesagt war.

Als ich auf dem Parkplatz vor dem Canyon aus dem Auto stieg, war bereits die »blaue Stunde« angebrochen, eine Tageszeit, die ich normalerweise ganz besonders liebe. Der Parkplatz war leer, was darauf schließen ließ, dass außer mir niemand mehr hier unterwegs war.

Ich beschloss, einen Spaziergang zu machen.

Das Herz lag mir wie Blei in der Brust, wenn ich auch nicht so richtig wusste, warum, und selbst meine Füße waren schwer und wollten sich nur ungern vorwärts bewegen. So ging ich also langsam dahin und es dauerte nicht lange, bis ich begann, die Stille um mich herum wahrzunehmen. Endlich!

Zumindest im Äußeren war es ruhig, war ich allein. Die vielfältigen und intensiven Düfte des von der Sonne schwarz verbrannten Salbeis, des mannshohen reifen Fenchels, der Eukalyptus- und Magnolienbäume und der feuchte Geruch der schwitzenden, warmen Erde stiegen mir wohltuend in die Nase – für mich ist das die *wahre* Aromatherapie! Doch meine Seele wollte noch immer nicht baumeln.

So ging ich weiter und es wurde zunehmend dunkler. Als ich nach einer halben Stunde den kleinen Fluss erreichte, der den Feldweg knöchelhoch unter

Wasser setzte, kehrte ich um. Nach ein paar Schritten sah ich zu meiner Rechten einen riesigen, weit verästelten Baum – wieso war er mir vorher nie aufgefallen? –, bei dem es sich, wie ich der davor angebrachten, verwitterten Plakette entnehmen konnte, um eine über hundertfünfzig Jahre alte Eiche handelte, gepflanzt von den ersten Pionierfarmern, die hier ein Stück Land zum Bearbeiten ergattert hatten.

Ich ging den kleinen Hügel hinauf, um mir den alten Baum mit seiner weit ausgreifenden grünen Krone näher anzuschauen. Er sah völlig verrunzelt aus, wie eine bejahrte, rüstige Großmutter. Mit seinem dicken schwarzen Stamm und seinen unzähligen knorrigen, doch sehr lebendigen grünen Ästen schien er mir zuzulachen. Irgendwie ging mir beim Betrachten dieser alten Eiche das Herz endlich ein wenig auf. Will sie mir etwas sagen? Zwei Botschaften höre ich in meinem Inneren (vielleicht sind es ja nur Projektionen – doch wer kann schon sagen, was Projektion, Fantasie oder Botschaft des Lebens ist?). Die eine besagt, dass ich da hingehöre, wo meine Liebsten sind, meine Familie – und das bedeutet für mich nicht unbedingt oder ausschließlich meine Blutsverwandten, sondern die Menschen, die mir am Herzen liegen. Und dass es gut ist, verwurzelt zu sein, zuverlässig an einem Platz zu bleiben. Auch dies verstehe ich wiederum nicht unbedingt geografisch, für mich bedeutet es vielmehr, dem Leben zu vertrauen und die Dinge kommen zu lassen, anstatt ihnen hinterherzulaufen.

Das ist in Anbetracht meiner umfangreichen Reisepläne für die nähere Zukunft ein leicht irritierender Gedanke, aber ich bin bereit, hinzusehen und hinzuhören. Ich schaue hinauf in die üppige Baumkrone, als ich in meinem Inneren die zweite Botschaft höre: Auch wenn ich nicht mehr die Jüngste bin, kann ich noch reichlich Früchte tragen, vielleicht sogar mehr als jemals zuvor. Was ich so verstehe, dass ich überall und jederzeit, wo ich auch bin oder hingehe, etwas Schönes und Befriedigendes tun und erleben kann.

Ein sehr beruhigender und wohltuender Gedanke.

Es geht mir schon besser, nicht zuletzt auch wegen der süß duftenden Luft und der Stille um mich herum. Nach einer Weile beschließe ich, in Richtung Parkplatz zurückzugehen. Es ist fast dunkel, aber gleichzeitig noch hell. Meine Augen wandern zum Himmel empor und überrascht stelle ich fest, dass Vollmond ist! Oder besser Vollmondin. Denn die Energie, das Gefühl, das dieses Himmelsgestirn mir vermittelt, ist absolut weiblich im Sinne von sanftmütig, liebevoll und weich. Ich bleibe stehen, schaue empor, und im nächsten Moment laufen mir die Tränen über die Wangen. Und mit den Tränen stürzen die Gefühle und Gedanken aus mir hervor, die mir unbewusst schon seit einiger Zeit auf der Seele lagen und mich quälten …

Vier Wochen ist es her, dass ich beim Sonnentanz in Oregon war. Seit mehr als zehn Jahren fahre ich jeden Sommer dorthin und plane stets alle meine Aktivitäten so, dass ich zur Zeit des Sonnentanzes wieder im Lande bin.

Doch dieses Mal war von Anfang an alles anders.

Gleich zu Beginn hatte ich eine Begegnung mit einem schönen, gequälten, in tiefer Verunsicherung befangenen, wilden Mann. Schon auf der Fahrt nach Oregon spürte ich, dass mir etwas dergleichen bevorstand, wobei ich eine solche Begegnung weder suchte noch beabsichtigte. Schließlich wollte ich die Sonnentänzer mit meinen Gebeten und Gedanken unterstützen und mich nicht in einer Liebesaffäre verlieren.

Doch das Leben findet manchmal eben ganz anders statt, als man es geplant hat. Und so widmete ich drei der vier Sonnentanz-Tage in erster Linie diesem Mann – wobei ich an einem Tag so glücklich und begeistert war, dass ich zu essen und trinken vergaß, und am nächsten Tag aufgrund der gewaltigen Probleme dieses Menschen, mit denen er mich schon nach ein paar Stunden überschüttete, so erschöpft, ausgelaugt und von Kopfschmerzen geplagt, dass ich nur noch flüstern und schluchzen konnte und mich von Bekannten in einem anderen Camp wieder mit Anteilnahme und Nahrung stärken lassen musste.

Diese kurze, heftige Begegnung, die am Abend des dritten Tages mit dem fluchtartigen Verschwinden des Mannes endete, war der Anlass, dass ich nur einen Teil dieses Sonnentanzes miterlebte und nicht so häufig und intensiv dabei war wie sonst und wie es eigentlich meine Absicht gewesen war.

Das machte mich traurig. Ich glaubte, etwas Wichtiges versäumt zu haben und nicht genug für die anderen da gewesen zu sein – ein Gefühl, das teilweise verschwand, als ich deutlich eine innere Stimme vernahm, die sagte: »Diese Begegnung war *dein* Sonnentanz.« In diesen drei wirbelnden Tagen war es für mich darum gegangen, Nein zu sagen, nicht zuzulassen, dass jemand meine Grenzen überrannte, die Schuld nicht bei mir zu suchen, sondern dem anderen liebevoll deutlich zu machen: »Bis hierher und nicht weiter. Ich bin bereit, mich dir zu öffnen, aber nicht bereit, ein Opfer zu sein.«

Aber so ganz heil wurde ich durch diese Erkenntnis nicht.

Und jetzt war ich also schon vier Wochen wieder zu Hause und alles schien so weit gut zu sein. An den Sonnentanz dachte ich momentan wenig, nicht zuletzt weil ich mit anderen Dingen beschäftigt war, die meine ganze Aufmerksamkeit erforderten. Manchmal schweiften meine Gedanken zu jenem Mann mit seiner wilden, gequälten Seele; ich war erleichtert, dass er meiner Einladung, mich zu besuchen, nicht nachgekommen war, und wünschte ihm von Herzen, dass er Frieden finden möge.

Nur hin und wieder nagte noch immer ein gewisses Unbehagen an mir, das ich mit meiner eingeschränkten Präsenz während des Sonnentanzes in Verbindung brachte. Doch was konnte ich da jetzt noch tun?

Und heute, an diesem stillen Abend im Solstice Canyon, befinde ich mich beim Anblick des prachtvollen, leuchtenden Vollmondes plötzlich wieder beim Sonnentanz, höre die Trommeln und die Lieder und sehe die Männer in ihren roten Sarongs, mit den adlerfederbestückten Salbeikränzen auf dem Kopf, die Adlerknochenpfeifen zwischen den Lippen, wie sie zum Mysterienbaum emporschauen, in die grelle Sonne hinein, und beten und tanzen, tanzen und mit den nackten Füßen auf die Erde stampfen …

Ich betrachte den Mond und sehe die Sonne. Ein tiefes Gefühl der Liebe für diese Menschen, meine Seelenfreunde, Indianer wie Nichtindianer, erfüllt mich; ein Gefühl des Vertrauens in die *Tunkashilas*, die Götter des Sonnentanzes und des Lebens überhaupt. Die Sehnsucht, so bald wie möglich wieder mit ihnen allen zusammen zu sein, überflutet mein Herz und spült mit den Tränen, die mir über das Gesicht laufen, endlich den Rest eines nagenden Unbehagens fort, das mich seit Wochen begleitet hatte. Von Schuld oder Versagen aufgrund meiner »mangelnden Präsenz« ist jetzt keine Rede mehr, nur von der Vorfreude auf den nächsten Sonnentanz, verbunden mit dem mir selbst und der Mondin gegebenen Versprechen, dass ich mindestens vier Jahre lang wieder voll dabei sein werde – wohin mein Weg mich in der Zwischenzeit auch führen mag.

Und so war es auch.

Die Freude, dabei zu sein

Dies ist Godfreys letzter Sonnentanz am Pilot Rock. Siebenmal hat er in den letzten vier Tagen gepierct, auf der Brust und auf dem Rücken, mehrmals die Büffelschädel gezogen, immer im *Two Step*, und wenn seine Haut auch nach der zweiten Runde noch nicht gerissen war, winkte Michael ein paar Kinder heran, die sich auf die Schädel setzten, bevor Godfrey wieder mit aller Kraft zog. Endlich riss er sich dann los und ein Schrei der Erleichterung wie aus einer Kehle ertönte aus den Reihen der Anwesenden.

Es ist später Abend. Ich gehe hinüber zum Mysterienkreis, wo das Feuer für die Schwitzhütte die ganze Nacht lang brennt. Während des Sonnentanzes erlöschen die Flammen nie, sie lodern Tag und Nacht neben den Schwitzhütten für die männlichen und weiblichen Tänzer, liebevoll versorgt von dem Mann oder der Frau, der oder die diese Aufgabe übernommen hat. Ich höre die leisen Stimmen der Feuerwächter, die zuweilen an mein Ohr dringen, und das sanfte Lachen der Trommler, die sich ebenfalls eingefunden haben, um noch einmal zu singen.

Ich setze mich ins Gras und lasse meinen Blick über den Mysterienkreis schweifen. Das Bild, das sich mir bietet, ist tief bewegend.

Der mit vielfarbigen Ketten von *Prayer Ties* geschmückte Baum in der Mitte des Tanzkreises ist auch in der Dunkelheit eine Augenweide und strahlt spürbare Macht aus. Die drei *Eagle Dancers,* die als Einzige im Mysterienkreis schlafen, die nur zur Schwitzhütte das Rund verlassen und sich erst am Ende des vierten Tages losreißen, liegen still und demütig auf dem stacheligen Gras, nur mit dünnen Decken gegen die Kühle der Nacht geschützt. Sie geben mir das unbeschreibliche, süße Gefühl, als seien sie in diesen vier Tagen mehr Geist als Körper geworden. Sie scheinen immer durchsichtiger zu werden, mehr und mehr *Spirit,* immer weniger physischer Körper.

Mein Blick wandert zum sternenübersäten Horizont und zu dem Wald jenseits des geweihten Kreises. Plötzlich sehe ich dort in den Bäumen strahlende Lichtpunkte, die zwischen den Bäumen zu schweben scheinen und sich nicht vom Fleck rühren. Was kann das sein? Ein Flugzeug? Zu niedrig, mitten im Laub der Bäume und ohne sichtbare Bewegung. Autos? Unmöglich. Es gibt nur den breiten Feldweg hinter mir, auf dem ich zwanzig Kilometer bis auf tausendfünfhundert Meter den Berg hochgefahren bin. Taschenlampen? Niemand hält sich auf der anderen Seite des Mysterienkreises auf; dort gibt es nur Wald und steil abfallende Hügel, keine Wege und mit Sicherheit keine Spaziergänger in dieser Gegend und um diese Zeit.

Nachdem mein Verstand alle greifbaren Erklärungen als nicht haltbar verworfen hat, nehme ich die Lichter als das an, was sie (vielleicht) sind: unerklärliche Phänomene, die mir ein Gefühl des Wohlbefindens und der Freude vermitteln. Und die mich im nächsten Moment an die schwebenden laserähnlichen Lichtpunkte vor vielen Jahren in jener Nacht in South Dakota erinnerten, als Godfrey für mich eine *Yuwipi*-Zeremonie durchführte, die meinen Panikattacken ein Ende setzte …

Als ich später auf dem Weg zu meinem Zelt bin, angenehm müde und im Frieden mit mir und der Welt, gesellt sich Godfrey zu mir und lädt mich ein: »Komm zu meinem Tipi und lass uns reden.«

Seine stille, kluge Frau Beverly gesellt sich zu uns, ihr Baby auf dem Arm.

Wir führen ein schönes Gespräch.

Ich fühle mich losgelöst von der Welt, in der ich mich normalerweise bewege, in der ich allein in Los Angeles lebe, durchaus freiwillig und nur manchmal klagend, mit Sorgen wegen Geld, Arbeit und Rechnungen, die bezahlt werden wollen, in dem Versuch, den alltäglichen Verpflichtungen immer einen Schritt voraus zu sein – mit anderen Worten ein Leben, wie es viele Menschen überall auf der Welt führen, das dennoch viele kostbare Momente enthält und das ich mir so ausgesucht habe.

Doch all das ist so weit weg und fühlt sich in diesem Moment wie ein unwirklicher Traum an, während diese sternenübersäte Vollmondnacht – mit den drei schlafenden *Eagle-Tänzern* in der Mitte des geweihten Kreises, den schwebenden Lichtpunkten, der wohltuenden Stille, nur hier und da durch das sanfte Flüstern der Trommler und Feuerwächter bereichert, und dem Medizinmann an meiner Seite, der nicht im Geringsten erschöpft wirkt von der Tortur des Sonnentanzes und den vielen Piercings, die er in den letzten Tagen ertragen hat, sondern im Gegenteil große Kraft und Ruhe ausstrahlt – die wahre Realität darstellt.

Ich berichte ihm von den Lichtpunkten, die ich zwischen den Bäumen gesehen hatte. Wir schauen gemeinsam in diese Richtung – und da sind sie, erscheinen plötzlich, bleiben eine Weile sichtbar und verschwinden dann wieder.

»Ja, sie sind da«, sagt Godfrey nach einer Weile. »Ein reines Herz kann Reinheit sehen.«

Was es bedeutet, einen Sonnentanz als Tänzer mitzuerleben, kann ich nicht aus eigener Erfahrung sagen.

Doch selbst wenn man nur als Zuschauer dabei ist, kann man nicht anders, als sein Herz zu öffnen, mit den Tänzern zu leiden und zu jubeln, mitzuhelfen bei den mannigfachen Verrichtungen, die erledigt werden wollen, tätiges Mitgefühl zu empfinden, wenn jemand leidet – denn die geballte Energie eines Sonnentanzes ruft bei vielen Anwesenden starke, zuweilen kathartische Reaktionen hervor, bringt verdrängte Schwächen und Ängste an die Oberfläche –, und sich vertrauensvoll an andere zu wenden, wenn es einem selbst schlecht geht.

Und schließlich kann es dann geschehen, dass, wie Godfrey sagt, »ein reines Herz Reinheit sehen kann«.

Die Stimmen der Sonnentänzer

Der Leiter des Sonnentanzes

Michael Two Feathers
Sonnentanz-Leiter, Kalifornien, USA

Ich wurde 1947 als ältester Sohn einer hawaiianischen Mutter und eines Lakota-Vaters auf den Philippinen geboren. Mein Vater war in einem Waisenhaus aufgewachsen, aus dem er vor Beginn des Zweiten Weltkriegs weglief. Er ging zum Militär und blickte niemals zurück. Man versetzte ihn nach Hawaii, wo er während des Krieges mit Japan verwundet und in ein Krankenhaus eingeliefert wurde. Dort lernte er meine Mutter kennen, eine Hawaiianerin, die als Rotkreuzschwester tätig war. Sie verliebten sich ineinander und heirateten. Nach dem Krieg wurde mein Vater auf die Philippinen versetzt, und so kam es, dass ich dort geboren wurde.

Als ich aufwuchs, hatte ich nur wenig Kontakt mit der indianischen Kultur, nur meine hawaiianische Mutter erzählte mir gelegentlich Geschichten ihrer Ahnen.

1969, ich war Anfang zwanzig, fuhr ich mit einem

Freund per Anhalter nach San Francisco. Ich hatte zwei Hosen und zwei T-Shirts in einen kleinen Rucksack gepackt und wir zogen los.

In San Francisco angekommen, machten wir uns sofort auf den Weg zur Fisherman's Wharf. Am Hafen sahen wir überraschenderweise ein paar Indianer, um die sich eine Gruppe von Leuten versammelt hatte. Wir erkämpften uns einen Platz in der ersten Reihe und sahen, dass die Indianer Sachen in ein Boot luden. Auf unsere Frage, was sie damit vorhatten, antworteten sie: »Wir haben die Insel von Alcatraz besetzt.« Alcatraz war ursprünglich indianisches Gebiet, doch hatten die Regierungsbehörden die kleine Insel mit Beschlag belegt und dort bis vor nicht allzu langer Zeit ein berüchtigtes Hochsicherheitsgefängnis geführt.

»Wir bringen unseren Leuten Wasser und Lebensmittel für die Zeit, die wir da draußen sind.«

Ich fragte, ob wir mit ihnen übersetzen könnten.

»Ihr seid Indianer?«, fragte mich einer der Männer.

Ich bejahte und er meinte: »Natürlich, wenn ihr wollt. Helft uns, das Boot zu beladen.« Also halfen wir ihnen und fuhren dann mit ihnen den kurzen Weg zu dieser kleinen Insel vor den Toren San Franciscos. Wir luden das Boot aus und brachten Wasser und Lebensmittel in die Küche. Nach einer Weile begann einer der älteren Indianer, mir verschiedene Geschichten zu erzählen, und er sagte, dass es meine Aufgabe sei, meine Herkunft zu erkennen, sie anzunehmen und der Tradition entsprechend zu leben.

Ich wusste natürlich seit meiner Kindheit, dass ich Indianer war, nicht zuletzt, weil ich anders aussah als die Kinder in meiner Umgebung. Aber ich wusste nicht, was das wirklich bedeutete. In der Schule war ich oft verspottet und mit allen möglichen Schimpfnamen belegt worden. Ich erinnere mich nur an eine einzige Gelegenheit, bei der mein Vater seine Lakota-Abstammung erwähnte, und das war während eines *Powwows* in Oklahoma. Unvermittelt stieß er mir mit dem Ellenbogen in die Seite und sagte: »Du bist auch Indianer, genau wie diese Tänzer da.« Mehr nicht. Er hat dieses Thema nie wieder erwähnt.

Als ich ungefähr neun Jahre alt war, wurde mein Vater, der für Shell Oil arbeitete, nach Louisiana im Süden der USA versetzt. Also zogen wir in diese kleine Stadt im tiefsten Süden von Louisiana, an den Ufern des Mississippi. Meine Geschwister und ich sollten die Schule in der Nachbarschaft besuchen, ein schönes Gebäude aus roten Ziegelsteinen, mit vielen Kindern. Am ersten Schultag brachte mein Vater mich und meine jüngere Schwester in unsere neue Schule. Wir gingen in das Büro des Rektors, um die Anmeldeformulare auszufüllen.

Mir schien alles ganz normal zu sein, ich konnte keinen Unterschied zu meiner Schule in Kalifornien feststellen. Wir gingen an den Schalter, hinter dem die Sekretärin saß, und mein Vater sagte: »Ich möchte meine Kinder in der Schule anmelden«, woraufhin sie meinte: »Ausgeschlossen!«

Sie rief den Rektor und dieser sagte zu meinem

Vater: »Es tut mir Leid, Mister, aber Ihre Kinder müssen in die Schule in der Stadt gehen.« In dieser Schule waren alle Kinder, Lehrer und sonstigen Angestellten Schwarze, denn es handelte sich um eine jener damals im Süden üblichen getrennten und nur von Schwarzen besuchten Schulen.

Mir machte das nichts aus.

Jeden Tag nahmen wir den Bus für den langen Schulweg. Im gleichen Bus fuhren auch weiße Kinder in ihre Schule und es dauerte nicht lange, bevor sie anfingen, mich und meine Schwester »Nigger« zu rufen, sich über uns lustig zu machen und uns zu drohen. Das gefiel mir nun gar nicht, vor allem wenn sie meine Schwester anmachten, und es gab eine Menge Kämpfe zwischen mir und den weißen Kids.

Da mein Vater so oft versetzt wurde, besuchte ich während meiner zwölfjährigen Schulzeit neunzehn verschiedene Schulen, von Los Angeles über Oklahoma, Virginia, Florida bis Louisiana, von Britisch Kolumbien in Kanada über Seattle, Washington, und schließlich 1963 zurück in San Francisco.

Mittlerweile schrieben wir nun das Jahr 1969 und ich war sozusagen farbenblind aufgewachsen. Es war die Zeit von »peace and love«, eine Zeit der Offenheit und des Experimentierens. In diesem Sommer '69 in Alcatraz – ich war damals zweiundzwanzig – wurde mir zum ersten Mal langsam meine indianische Herkunft bewusst. Bis dahin war ich einfach ein junger Mann gewesen, der versucht hatte, so wie viele andere seinen Weg zu finden, das Leben zu erfahren und mit anderen Menschen zusammen zu sein. Als ich in Alcatraz die anderen Indianer über ihre Erlebnisse reden hörte und sah, in welchen Schwierigkeiten und Nöten sich viele von ihnen befanden, und ich auf mein eigenes Leben zurückblickte, kamen Erinnerungen und Gefühle von ähnlichen Situationen der Unterdrückung, Ablehnung und Feindseligkeit in mir hoch, die mir bis dahin nie so recht bewusst gewesen waren. Mein Vater, der – abgesehen von jener Bemerkung vor vielen Jahren beim *Powwow* in Oklahoma – weder über seine indianische Herkunft gesprochen noch sich meines Wissens mit ihr befasst hatte und den ich lange nicht gesehen hatte, war inzwischen gestorben. Wir hatten uns zum letzten Mal 1964 getroffen, als er mich für ein paar Jahre bei Pflegeeltern in San Francisco ablieferte, bevor er zu Beginn des Vietnamkriegs wieder zur Armee ging.

Ich sah ihn nie wieder.

Meine Mutter hatte sich kurz zuvor aufgrund seiner Alkoholsucht von meinem Vater getrennt. Sie kam aus einer wohlhabenden hawaiianischen Familie spanischen Ursprungs, die eine riesige Geflügelfarm mit über hunderttausend Hühnern besaß. Mein Urgroßvater war spanischer Botschafter in Hawaii gewesen. Meine Familie mütterlicherseits muss ziemlich wohlhabend gewesen sein, denn ich erinnere mich, dass wir oft neue Autos hatten und es uns auch sonst sehr gut ging. Doch der Alkoholismus meines Vaters führte dazu, dass von dem ganzen Reichtum bald so gut wie nichts mehr übrig war.

Irgendwann hatte meine Mutter dann genug und ihre Wege trennten sich.

Das Sorgerecht für meine Schwestern und mich wurde meinem Vater zugesprochen. Erst als ich Jahre später meine Mutter zum ersten Mal wiedersah und sie mir erzählte, was seinerzeit anlässlich der Scheidung meiner Eltern vorgefallen war, begriff ich, dass er sie ausgetrickst und dafür gesorgt hatte, dass ihr alle elterlichen Rechte für mich und meine Schwestern weggenommen wurden. Er nahm mich und meine drei Schwestern zu sich und unterband jegliche Kommunikation zwischen uns und unserer Mutter. Sie litt sehr darunter und erst im Gespräch mit ihr erfuhr ich, dass der wahre Grund, warum mein Vater so oft mit uns umzog, der war, dass sie einen Detektiv auf ihn angesetzt hatte, da er sie um ihre elterlichen Rechte betrogen hatte und sie ihn finden wollte, um ihre Kinder wiederzubekommen. Er war also im Grunde genommen jahrelang auf der Flucht – und wir Kinder mit ihm.

Wie gesagt, schließlich lieferte mein Vater mich zur Pflege bei diesem Ehepaar in San Francisco ab. Die beiden waren gute Menschen. Sie besaßen nicht viel, doch sie gaben mir ein Zuhause und alles, was ich zum Leben brauchte, und ich war ihnen dankbar dafür. Der Mann war schon älter und träumte davon, sich für die letzten Jahre seines Lebens in Hawaii niederzulassen. In jenem Sommer nahm ich verschiedene Jobs an, zum Beispiel Zäunesetzen in Sacramento. Und als der Sommer vorbei war, hatte ich ungefähr fünfhundert Dollar gespart, was 1964 eine Menge Geld war. Dafür kaufte ich zwei Flugtickets nach Hawaii und mietete dort ein Appartement. Mein Pflegevater freute sich sehr und flog ein paar Tage später los, während seine Frau noch in San Francisco blieb, um den Haushalt aufzulösen und die paar Dinge zu verkaufen, die sie besaßen, bevor sie ein paar Wochen später nachkam.

Mein Pflegevater, der für mich eher wie ein Großvater war, kannte meine Mutter von früher, was auch der Grund war, warum mein Vater mich zu ihm gebracht hatte. Ich war mittlerweile sechzehn Jahre alt und hatte meine Mutter acht Jahre lang nicht mehr gesehen. Eines Tages kam ich von meinem Job als Einpacker im Supermarkt nach Hause und Grandpa, wie ich meinen Pflegevater nannte, begrüßte mich und sagte: »Hey, ich habe diese junge Frau am Strand getroffen und sie will dich zum Essen einladen.« Wie gesagt, ich war sechzehn und dachte: »Das ist ja toll!« Er erklärte mir, dass sie um sechs Uhr kommen würde.

Pünktlich um sechs hörte ich, wie jemand an die Türe klopfte. Die Türe öffnet sich – und wen sehe ich? Meine Mutter! Ich erkannte sie sofort. Sie hatte zum zweiten Mal geheiratet und war mit ihrem Mann nach Hawaii gekommen, um Ferien zu machen. Bei einem Spaziergang am Strand sahen sie Grandpa, meinen Pflegevater. Meine Mutter erkannte ihn, wusste aber nicht, dass er es war, bei dem ich lebte. Mein Grandpa mochte meine Mutter und war nie damit einverstanden gewesen, wie mein Vater sie behandelt hatte. Doch da ich hin und wieder noch Kontakt mit meinem Vater hatte und mein Pflegevater nicht riskieren wollte, dass mein Vater mich wegholte und wieder mit mir verschwand, hatte er nie Kontakt mit meiner Mutter aufgenommen. Darüber hinaus hatte meine Pflegemutter mit meinem Vater ein sehr freundschaftliches Verhältnis; das kam nicht zuletzt daher, dass auch er als Jugendlicher vorübergehend in ihrer Familie gelebt hatte.

Ich verbrachte eine Woche mit meiner Mutter und ihrem zweiten Mann. Nach ihrer Rückkehr in die USA schrieb sie mir viele Briefe und bot mir an, dass ich sie jederzeit, wenn ich wollte, besuchen kommen könne, sie würde mir ein Flugticket schicken. Ich schrieb ihr: »Klar, ich komme gerne.« Schließlich hatte ich meine Mutter acht Jahre lang nicht gesehen, bis auf die eine Woche in Hawaii. Der Kontakt mit meinem Vater war zunehmend weniger geworden. Auch er hatte inzwischen wieder geheiratet, doch seine Frau mochte mich nicht, wahrscheinlich, weil ich so ungebärdig und wild war, wie viele Teenager. Ich beging zwar keine Schandtaten und kam auch nicht mit dem Gesetz in Konflikt, aber ich brachte ihr wohl nicht den Respekt entgegen, den sie von mir erwartete.

Also schickte meine Mutter mir ein Ticket und ich blieb ein Jahr bei ihr. Doch bald wollte ich wieder unabhängig sein, wie ich es vorher bei meinen Pflegeeltern gewesen war. Außerdem merkte ich, dass meine ständige Anwesenheit die Beziehung meiner Mutter zu ihrem zweiten Mann belastete. Also beschloss ich nach einem Jahr, wieder auszuziehen. Allerdings habe ich bis auf den heutigen Tag den Kontakt mit meiner Mutter aufrechterhalten. Wir besuchen uns gegenseitig und telefonieren häufig miteinander.

Mein Leben damals war aufregend, aber nicht immer einfach. Zurück in San Francisco, geriet ich in die Hippieszene und experimentierte kräftig mit allem, womit man experimentieren konnte.

Dann traf ich Jill, meine Frau. Im Laufe der Jahre gebar sie mir drei wunderbare Kinder. Einer unserer Söhne kam mit dreizehn Monaten durch einen Unfall ums Leben. Das war eine große Tragödie. Zu der Zeit beschäftigte ich mich bereits verstärkt mit der indianischen Kultur und während der Zeit des Trauerns um den Tod meines Sohnes begegnete mir eines Tages eine Frau, die mir sagte: »Ich kenne da einen Mann, der macht bestimmte Zeremonien. Da du ja annimmst, dass dein eigener Vater Lakota-Indianer ist, wäre das vielleicht interessant für dich, denn dieser Mann ist auch Lakota. Du solltest mal mit ihm reden. Sein Name ist Brave Buffalo.«

Also ging ich zu ihm.

Wir nahmen gemeinsam an Schwitzhütten-Zeremonien teil, wir trommelten und sangen gemeinsam und er wurde auf Anhieb eine Vaterfigur für mich, mein Lehrer und Mentor. Wir sprachen viel miteinander und er zeigte mir, wie ich mit der Trauer um den Verlust meines Kindes besser fertig werden konnte. Schließlich lud er mich und Jill ein, ihn zum nächsten Sonnentanz zu begleiten. Das war 1986 und der Beginn meiner Zeit als Sonnentänzer.

Ich hatte mich zwar schon seit Alcatraz, siebzehn Jahre vorher, immer wieder einmal mit indianischen Dingen beschäftigt, aber nicht so intensiv und entschlossen, wie es dann durch die Teilnahme an meinem ersten Sonnentanz geschah. Ich hatte eine Menge Freunde, die Halbindianer waren, ich las viele Bücher über indianische Kultur, sprach mit meinen Freunden darüber und ging hin und wieder in die Schwitzhütte. Doch im Grunde genommen war mein Wissen um alles Indianische und meine Beschäftigung damit eher rudimentär gewesen. Ich wusste nicht wirklich, wer ich war, hatte aber begonnen, es allmählich zu entdecken. Die Begegnung mit Brave Buffalo und meine erste vierjährige Verpflichtung zum Sonnentanz beschleunigte diese Entwicklung. Der Tod meines Sohnes und mein inneres Bedürfnis, damit klarzukommen, was diese Tragödie für mich und meine Familie bedeutete, führte dazu, dass ich mich wirklich ernsthaft mit meiner indianischen Herkunft beschäftigte und damit, was sie für mich bedeutete. Das war also einer der Gründe, warum ich Sonnentänzer wurde.

Inzwischen habe ich an achtundzwanzig Sonnentänzen teilgenommen und ein Ende ist nicht abzusehen. Nicht immer war ich als Tänzer dabei, sondern oftmals als Helfer, doch ich faste mit den Tänzern und bete mit ihnen. Ich hatte das große Glück, viele gute Männer zu treffen, unter ihnen Wallace Black Elk. Während drei Sonnentänzen tanzte er zu meiner Rechten. Er ist ein wenig größer als ich, und da die Tänzer der Größe nach aufgestellt werden, kam es also, dass wir nebeneinander standen.

Damals lebten meine Familie und ich in äußerst bescheidenen Verhältnissen. Ich schlug Feuerholz, um wenigstens das nötigste Geld heranzuschaffen; die meiste Zeit mussten meine Kinder barfuß laufen, da wir nicht genug Geld für Schuhe hatten. Wir waren ziemlich arm, und hinauf in den Norden Oregons zum Sonnentanz zu fahren, stellte finanziell eine schier unüberwindliche Schwierigkeit dar. Dann erfuhr ich, dass auch in der Nähe von Ashland, gleich hinter der kalifornischen Grenze und wesentlich näher bei San Francisco, ein Sonnentanz abgehalten würde, und irgendwie schafften Jill und ich es, mit den Kindern rechtzeitig dort anzukommen. Die nächsten vier Jahre fuhren wir jeden Sommer nach Ashland und dort erfüllte ich meine Verpflichtung für meine ersten vier Sonnentänze.

Bei einem dieser Tänze traf ich zum ersten Mal Godfrey Chips, der gemeinsam mit seinem Bruder Charles aus South Dakota gekommen war, um Wallace Black Elk während des Tanzes zu helfen. Wenn ich auf diese Zeit zurückblicke und mir mein heutiges Leben anschaue, sehe ich deutlich, wie sehr sich seither alles zum Besseren gewandelt hat. Ich besitze zwar auch heute nicht viel Geld, aber wir haben alles, was wir brauchen, und ich mache mir keine Sorgen mehr darum, woher der nächste Dollar oder die nächste Mahlzeit kommen wird. Früher war das anders gewesen; Jill und ich hatten uns immer alle Mühe gegeben zurechtzukommen, aber wir hatten stets das Gefühl gehabt, als rannten wir, so schnell wir konnten, ohne jemals irgendwo anzukommen. Meine Situation ist heute gar nicht so verschieden von der, in der wir uns damals befanden, doch hat sich meine Perspektive verändert. Ich sehe heute, dass diese Sorgen unwichtig sind. Wichtig ist, einen Zustand von Reinheit und Wahrheit zu erlangen. So wie ich es sehe, gibt es zwei Arten von Menschen auf der Welt: diejenigen, die nach Reinheit und Wahrheit suchen, und diejenigen, die eine negative Haltung gegenüber dem Leben haben, die pessimistisch und voller Vorurteile sind. Ich wusste immer, dass etwas in meinem Inneren nach dieser Reinheit sucht, dass ich mich einfach besser fühle, wenn ich mich in diesem Zustand befinde.

Nachdem ich an mehreren Sonnentänzen als Tänzer teilgenommen hatte, fragten Wallace, Charles und Godfrey mich, ob ich bereit wäre, bei ihren Sonnentänzen als Helfer zu fungieren. Sie hatten etwas in mir gesehen, was sie dazu veranlasste, mir diese Aufgabe anzubieten.

Nachdem ich also meine vier Jahre getanzt hatte, nahm ich im darauf folgenden Jahr zum ersten Mal als Helfer teil. Das war 1989 bei Charles Chips' Sonnentanz in Oregon.

Ich hatte das erste Mal in Mount Hood unter der

Leitung von Brave Buffalo getanzt, mit Martin High Bear als begleitenden Medizinmann. Martin, der vor einigen Jahren gestorben ist, war ein Mann voller Mitgefühl, ein strenger, doch positiv eingestellter Lehrer. Seine Art und Weise sagte mir auf Anhieb zu und ich bemühe mich darum, so zu sein wie er.

Aus politischen Gründen musste Martin High Bear seinen Sonnentanz von Mount Hood nach Medford in der Nähe von Ashland verlegen, worauf ich nach Ablauf meiner ersten vier Jahre als Sonnentänzer beschloss, bei Martins Tanz dabei zu sein, obgleich ich zur selben Zeit auch mit Charles und Godfrey tanzte. Bei Martin High Bears zweitem Tanz brachte ich ihm Tabak und ein Geschenk und fragte ihn, ob ich auch wieder mittanzen dürfte, was er bejahte.

Die Bedingungen bei diesem Tanz waren besonders schwierig. Die ganzen vier Tage war es sehr heiß, so um die dreiundvierzig Grad, und wir alle hatten es nicht leicht. Nach dem Tanz suchte ich Martin High Bear in seinem kleinen Wohnwagen auf, den mir seine Familie nach seinem Tod überließ und der sich bis heute in meinem Besitz befindet. Wir hatten eine besondere Verbindung miteinander. Martin hatte mich eingeladen, ihn zu besuchen.

Und als wir so beieinander saßen, meinte er: »Ich hätte dich da draußen wirklich gut als Helfer brauchen können.«

Erstaunt und belustigt sah ich ihn an und entgegnete: »Das sagst du mir jetzt, nachdem ich zusammen mit den anderen vier Tage lang in der Hitze gelitten habe, und dabei hätte ich genauso gut Helfer sein können?«

Verschmitzt schaute er mich an und meinte: »Nun, ich denke, du hast bekommen, was du brauchtest. Du warst es, der mich gefragt hat, ob er mittanzen könne.«

Wir mussten beide lachen. Ich hatte nicht gewusst, dass es akzeptabel gewesen wäre zu fragen, ob ich einer seiner Helfer sein konnte; ich war immer davon ausgegangen, dass es der Medizinmann war, der die verschiedenen Leute bat, als Helfer zu fungieren.

Von da an bis zu seinem Tod im Jahre 1995 war ich bei jedem Sonnentanz sein Helfer. Der Tanz ist schwer und die Tänzer leiden sehr. Die Helfer haben die Aufgabe, den Tänzern beizustehen, ohne ihnen jedoch ihre Aufgabe abzunehmen. Und dennoch geschieht es immer wieder, dass einige Tänzer nicht die Kraft haben, den Tanz zu Ende zu bringen.

Jeden Winter fuhr ich mehrere Male für ein paar Tage nach Portland in Oregon und besuchte Martin, nur um in seiner Nähe sein, ihm Fragen stellen und seine Antworten hören zu können. Ich betrachtete mich allerdings nicht als seinen Schüler, sondern genoss es einfach, Zeit mit ihm zu verbringen. Im Winter 1986 war mein Mentor Brave Buffalo gestorben und ich war froh und dankbar, einem Mann wie Martin High Bear begegnet zu sein.

Er hatte einen Haupthelfer bei seinen Tänzen gehabt, der jedoch Dinge getan hatte, die nicht gut sind für einen Helfer in dieser Position und die sich gegen die Gebote der *Chanunpa,* der heiligen Pfeife, richteten. Wann immer uns Martin vor Beginn des Sonnentanzes Instruktionen hinsichtlich unserer Aufgaben erteilte, winkte er mich zu sich heran und wies mir mehr und mehr Aufgaben zu, die seit vielen Jahren von diesem Haupthelfer verrichtet worden waren. Das führte zu Spannungen zwischen dem Betreffenden, einem seiner engen Freunde, und mir, die bis heute anhalten. Hier und da höre ich von anderen, dass hinter meinem Rücken schlecht über mich geredet wird. Dabei hatte nicht ich die Entscheidung getroffen, die Position dieses Mannes einzunehmen, sondern war von dem Medizinmann dazu aufgefordert worden. Doch höre ich noch immer die Stimme des alten Mannes, der mir sagte: »Mach dir keine Gedanken, lass die Leute reden. Sorge dich auch nicht um Geld, sondern halte dich an die *Tunkashilas,* und du wirst alles bekommen, was du brauchst.«

Also versuche ich auf diese Art zu leben.

Während dieser Zeit rief mich einmal im Winter Godfrey an und sagte, dass er während einer Zeremonie durch eine Vision von den Großvätern den Auftrag erhalten habe, vier Jahre lang einen eigenen Sonnentanz abzuhalten. Da ich seinem Bruder Charles bei dessen Sonnentänzen im Pine-Ridge-Reservat geholfen hatte, rief mich also Godfrey an und bat mich, seine Sonnentänze als Haupthelfer zu leiten.

Ich sagte zu.

Ich empfand seit jeher einen großen Respekt vor ihm; er hat stets eine Menge Leute um sich, die etwas von ihm wollen. Da ich eher dazu neige, mich im Hintergrund zu halten, und von den Leuten oft als unnahbar empfunden werde, fühlte ich mich geehrt, dass er mich anrief und als seinen Helfer haben wollte.

Sein erster Tanz fand in Weezer, Idaho, statt. Ein paar Wochen vor Beginn fuhr ich also dorthin und traf alle nötigen Vorbereitungen. Godfrey erklärte mir die Dinge, die vor und während des Sonnentanzes getan werden mussten. Seine Vision und die Regeln, die er dafür von den *Tunkashilas* erhielt, unterschieden sich sehr von denen Martin High Bears. Der Tanz findet immer zur Zeit des Vollmonds statt und bei Godfrey tanzten wir während der ersten beiden Tage auch des Nachts, um auf diese Weise die weibliche Kraft des Mondes zu würdigen.

Wir organisierten also den Tanz in Idaho und veranstalteten während der wochenlangen Vorbereitungen tägliche Schwitzhütten-Rituale und viele *Five-Stick*-Zeremonien.

Ich verspürte von Anfang an eine große Bewunderung und Liebe für diesen Mann und kam seinen zum Teil überraschenden Anordnungen widerspruchslos nach. Wenn ein Medizinmann eine Vision hat, in der ihm eindeutige Instruktionen erteilt werden – zum Beispiel den Ablauf des Sonnentanzes betreffend –, so muss er sie erfüllen, wie ungewöhnlich sie ihm auch erscheinen mögen. Wobei Godfrey in Erwiderung auf meine Vorschläge, geboren aus den Erfahrungen in meinen Sonnentänzen mit Martin High

Bear, auch oft sagte: »O ja, das ist gut, lass es uns so machen.«

Ich half ihm, die Instruktionen, die er von den Geistern erhalten hatte, in die Tat umzusetzen. Er sagte mir, was getan werden musste, und ich machte ihm Vorschläge, wie wir diese Anweisungen ausführen konnten. Wir arbeiteten sehr gut zusammen und während der vier Jahre der Erfüllung seiner Verpflichtung zur Durchführung dieses Sonnentanzes war ich sein Haupthelfer.

Im vierten Jahr sagte er zu mir: »Ich will mit dir reden.«

Ich ahnte, dass irgendetwas im Gange war, denn in der Schwitzhütte hatte er vor einiger Zeit einen schwarzen Stein vor mich hingelegt, und ich wusste, dass er damals in Lakota, das ich nur zum Teil verstehe, mit den Geistern über mich sprach. Im Jahr zuvor war ich mit Godfrey und ein paar anderen Männern in einem *Vision Pit* gewesen und hatte dort selbst auch eine Vision gehabt, und zwar in Form eines äußerst lebendigen Traumes, der wie auf einem großformatigen, farbigen Bildschirm vor mir erschien und von dem ich Godfrey später berichtete.

In der Nacht nach dem letzten Tag des vierten Sonnentanzes forderte Godfrey mich auf, zur Schwitzhütte der Sonnentänzer zu kommen, da er mit mir reden wollte. Dort gab er mir den schwarzen Stein, der Teil des Sonnentanz-Altars war, und sagte: »Jetzt ist die Reihe an dir.«

Ich fragte: »Was meinst du damit?«

Er antwortete: »Sie [die *Tunkashilas*] haben gesagt, dass du diesen Altar die nächsten fünfzig Jahre lang verwenden kannst.«

»Wow, ich weiß nicht, was ich dazu sagen soll!«, war alles, was ich hervorbrachte.

»Sie wollen, dass du deine Arbeit weitermachst«, war seine abschließende Bemerkung.

Hier bin ich nun also und versuche, den Auftrag der *Tunkashilas* nach meinen besten Kräften zu erfüllen. Es gibt Leute, die hinter meinem Rücken über mich reden, weil ich kein Medizinmann bin. Ich habe nie behauptet, einer zu sein. Vielleicht meinen einige, dass ich aufgrund meiner Erfahrungen und der Kenntnisse, die ich durch meine Arbeit mit Martin High Bear, seinem Helfer Frances Rich, von dem ich viel gelernt habe, mit Wallace Black und Godfrey und Charles Chips gewonnen habe, so etwas wie ein spiritueller Lehrer geworden bin; doch auch das habe ich nie behauptet.

Ich möchte noch etwas zu den Sonnentänzen sagen, bei denen ich in den letzten Jahren als Helfer dabei war.

1995 zum Beispiel habe ich an drei Tänzen teilgenommen. Sowohl an Martins letztem und gleich anschließend an Godfreys erstem Tanz als auch an dem von Charles. In der Zeit mit Martin bis zu seinem Tod nahm ich als Helfer jeden Sommer mindestens an zwei Tänzen teil: an seinem Tanz in Oregon und an dem von Charles Chips in South Dakota. Und später dann, wie gesagt, an Godfreys

Sonnentänzen, zunächst in Idaho, später dann auch in Oregon.

Was die Tatsache betrifft, dass jemand, der kein Medizinmann ist, einen Sonnentanz leitet, so bin ich durchaus keine Ausnahme. Grandpa Fools Crows Sonnentanz zum Beispiel wurde auch nach seinem Tod fortgesetzt. Sein Altar ging an einen Mann über, der kein Medizinmann war.

Sicher, es ist gut, wenn ein Medizinmann während des Tanzes anwesend ist.

Aus diesem Grund habe ich Charles Fast Horse, einen Medizinmann vom Rosebud-Reservat in South Dakota, gebeten, meinen Sonnentanz zu begleiten, und ich fühle mich geehrt, dass er meiner Bitte nachgekommen ist.

Im Übrigen hatte ich einen Traum, in dem ich die Tänzer sah und am *südlichen Eingang* eine Frau, die die heilige Pfeife in den Armen hielt. Aus diesem Grund geben bei meinem Tanz nur die weiblichen Tänzer ihre Pfeifen an die Gemeinschaft weiter. Heute verstehe ich, warum ich in diesem Traum die Frau gesehen habe. Nach meinem Empfinden repräsentiert sie *White Buffalo Calf Woman*, die vor langer Zeit den Menschen die *Chanunpa*, die heilige Pfeife, gebracht hat.

Ich glaube, dass mein Traum, Godfreys Vision und die Instruktionen, die die Geister Godfrey für mich bezüglich des Altars übermittelt haben, mir das Recht und die Aufgabe geben, den Altar zu ehren und den Sonnentanz fortzuführen.

Zuweilen werde ich gefragt, ob ich den Sonnentanz auch ohne die Anwesenheit und Unterstützung eines Medizinmannes durchführen könnte. Das wäre möglich, aber dieses Jahr bei meinem ersten eigenen Sonnentanz hatte ich das große Glück, dass sogar drei Medizinmänner anwesend waren: Charles Fast Horse, Buck Ghost Horse und Rod, der auch mitgetanzt hat. Er gehört zum Stamm der Pima, und wenn man mit ihm in der Schwitzhütte sitzt, spürt man die Kraft, die er besitzt, und gleichzeitig ist er von besonders sanftmütiger Wesensart. Seine Lehren sind voller Einfachheit und Klarheit. Während des Tanzes ist er ein Quell der Ruhe und Kraft, und wenn der eine oder andere Tänzer aufgrund der großen Strapazen irgendwann glaubt, nicht mehr weitertanzen zu können, ist es oft Rod, der ihm die Kraft gibt durchzuhalten. Ich bin dankbar für seine Anwesenheit, die Hilfe und Unterstützung, die er mir und den Tänzern zukommen lässt.

Die Unterweisungen, die mir im Laufe der Zeit bezüglich des Sonnentanzes, des *Vision-Quest*-Rituals und überhaupt aller Zeremonien zuteil wurden, haben mir gezeigt, dass sich letzten Endes alles um die eigenen persönlichen Absichten und Motivationen dreht. Sicher, wenn wir alle in einer idealen Welt leben würden, dann hätten wir alle die vollkommene »Vision«, die perfekte *Chanunpa* und alles, was wir sonst zu unserem physischen und geistigen Wohlergehen brauchen.

Doch wir leben nicht in einer idealen Welt.

Also tun wir das Beste, was uns möglich ist. Für mich bedeutet das, meine Intentionen, meine Absichten rein zu halten. Die Geister haben uns diese Zeremonien gegeben, diese Liebe, diese Instruktionen und die Sonnentanz-Lieder, um uns zu helfen. Die *Tunkashilas* lieben uns. Sie sind bereit, alles für uns zu tun. Wir müssen sie nur darum bitten. Wenn es Ihnen ernst damit ist, wenn Sie ehrlich sind und Ihre Absichten rein, dann werden Sie die Hilfe erhalten, um die Sie bitten.

Ich persönlich habe nur die besten Absichten. Mir werden die Hilfe, Unterstützung und Gebete vieler Menschen zuteil.

Einmal hat mir ein wütender Mensch gedroht: »Du wirst mit deinem Sonnentanz ganz fürchterlich auf die Nase fallen!« Daraufhin habe ich sofort Godfrey angerufen und ihm gesagt: »Jemand hat vorausgesagt, dass es mit meinem Sonnentanz schlecht enden wird. Wenn das wahr ist, warum hast du mir dann den Altar übergeben und gesagt, ich solle Sonnentänze abhalten? Glaubst du, dass etwas Schlimmes passieren wird? Ich will nicht, dass meine Familie oder sonst irgendjemand zu Schaden kommt.«

Er antwortete: »Wenn du mit deinem Sonnentanz zu Fall kommen solltest, werde ich sofort kommen und der Erste sein, der dich wieder aufrichtet.«

Ich habe viel aus meinen eigenen Erfahrungen als Sonnentänzer und Helfer gelernt. Wenn ich auf mein Leben zurückblicke, sehe ich die großen Veränderungen, die seit meinem ersten Sonnentanz eingetreten sind. Früher waren meine Kinder oft krank und unser Leben war hart, auch wenn Jill und ich uns glücklicherweise gut verstanden, weil wir immer eine tiefe Liebe zueinander hegten. Nach meinem ersten Sonnentanz begann sich unser Leben positiv zu verändern; wir wurden zwar nicht materiell reicher, dafür aber glücklicher und gesünder. Das macht die Herausforderungen des Lebens nicht unbedingt leichter, aber der Sonnentanz gibt uns die Kraft, mit den auftretenden Schwierigkeiten besser fertig zu werden.

Viele Leute in den Reservaten sagen: »Das Leben ist hart und dann stirbt man.«

Eine traurige Äußerung, die leider nur allzu oft zutrifft.

Auch ich weiß und erfahre nach wie vor, wie hart das Leben sein kann, aber ich gehe heute anders damit um. Ich versuche zu verstehen, warum die Dinge passieren, und versuche, sie mit so viel Weisheit wie möglich zu einer guten Lösung zu bringen. Ich versuche bei allem, was ich tue, an meinen guten Absichten festzuhalten. Jeden Tag kommen Menschen zu mir und stellen mir Fragen, wollen meine Antwort hören, erwarten sogar Führung und Anleitung von mir. Und obwohl meine Haare schon grau werden, sehe ich mich nicht als einen alten Weisen oder Ähnliches. Im Gegenteil, zu Beginn war ich sogar ein bisschen wütend oder beleidigt, wenn jemand mich »Onkel« nannte. Und auch heute betrachte ich mich noch nicht als jemanden, der diese

Anrede verdient. Ich versuche das Vertrauen der Personen, die mit ihren Anliegen und Sorgen an mich herantreten, zu erfüllen.

Es gibt so viele Menschen, die ihr inneres Gleichgewicht verloren haben, die unter Depressionen leiden und nicht wissen, wie sie ihr Leben in den Griff bekommen können. Ich werde mein Möglichstes tun, um ihnen Mut zu machen und ihnen zu helfen, ihre Kraft wieder zu finden.

Die Tänzer

Peter Schliessmann
Unternehmer, Deutschland

Ich heiße Peter Schliessmann, bin 38 Jahre alt, geboren als eineiiger Zwilling und aufgewachsen in einem kleinen hessischen Dorf. Zunächst verlief mein Leben ganz normal, ohne besondere Vorkommnisse. Mit acht Jahren begann ich mit Begeisterung Bücher über Robin Hood zu lesen, die in mir sofort den starken Wunsch weckten, genauso zu leben wie er. Also beschloss ich kurzerhand – zum Entsetzen meiner Eltern und meines Bruders, dem es Robin Hood nicht so angetan hatte –, ein paar Tage allein im Wald zu verbringen.

Das ist meine erste Erinnerung an »Anderssein«.

Einige Jahre später, in denen ich meiner Familie keinen nennenswerten Anlass zur Sorge gegeben hatte, setzte sich diese Entwicklung fort. Ich war auf der Berufsschule, machte die Zwischenprüfung, ging jedoch nicht in eine Lehre. Stattdessen beschloss ich abzuhauen und setzte mich während eines Klassenausflugs nach Paris ab – zum abermaligen Entsetzen von Bruder, Eltern und Klassenlehrer. Ich war zehn Tage allein unterwegs und fuhr dann wieder nach Hause. Die Wogen glätteten sich bald, alle beruhigten sich wieder. Mit neunzehn machte ich dann den Versuch, nach Kanada auszuwandern. Drei Monate habe ich mich bemüht, als Jäger und Trapper zu überleben, bis ich schließlich mit den vielen neuen Erfahrungen, die ich in der Wildnis gemacht hatte, doch wieder ins heimatliche Hessen zurückkehrte.

Doch zum ersten Mal war wirklich eine Veränderung mit mir passiert. Kurz danach verunglückte mein Zwillingsbruder, der sich mittlerweile auch eine extreme Lebensweise zugelegt hatte, bei einem Drachenflugunfall tödlich. Das war ein großer Verlust für mich und natürlich ein Anlass, meine eigene Lebensweise und die darin zutage tretende Rebellion gegen die Eltern neu zu überdenken.

Ich geriet in eine Phase, in der ich das normale Leben als eher sinnlos empfand. Ich war gerade zwanzig geworden und begann, viel Hesse, Nietzsche und ähnliche Literatur zu lesen, und kam zu dem Ergebnis, dass das Leben tatsächlich keinen Sinn hat. Eine Neuorientierung war dringend nötig und mir wurde klar, dass ich – wenn überhaupt irgendetwas – nur etwas Eigenes machen konnte und wollte. Das führte schließlich dazu, dass ich mit zweiundzwanzig meine Firma »Tour Extreme« gründete, die Survivaltouren in die Natur anbietet. Die Grundidee war, die Natur als natürlichen Gegner zu betrachten, der bezwungen werden kann und muss. Bald organisierte ich meine erste sechswöchige Wüstenexpedition. Sechs Teilnehmer im Jeep durch die Sahara, in einer Gegend, in der ich vorher nie gewesen war. Bei dieser Expedition habe ich zum ersten Mal und radikal meine Grenzen kennen gelernt, was bei fünfzig bis sechzig Grad Hitze – wir waren im Sommer unterwegs – auch kein Wunder war. Kurz danach fuhr ich mit einer kleinen Gruppe expeditions- und erfahrungswilliger Teilnehmer nach Kanada, wo wir drei Wochen im Wald unterwegs waren und unsere Nahrung selbst erlegten und sammelten.

Auch hier stieß ich wieder voll an die eigenen Grenzen. Dabei habe ich festgestellt, dass eine Expedition für jeden das ist, was er erwartet. Es gibt keine Regel, jeder ist anders drauf und jeder macht andere Erfahrungen. Durch diese Expeditionen kam ich natürlich verstärkt mit Menschen in Berührung und habe viel über sie gelernt, bin allerdings dabei ein ziemlicher Einzelgänger geworden. Noch heute bezeichnet man mich ab und zu als »einsamen Wolf«. Ich war ja damals noch sehr jung, gerade mal Anfang bis Mitte zwanzig, und in diesem Alter geht man eigentlich eher auf Partys und ist jedes Wochenende unterwegs. Mir stand aber danach nicht der Sinn. Durch meine Firma hatte ich relativ gute Möglichkeiten, mich auszuleben. Ich habe viele Länder bereist und viele verschiedene, zum Teil sehr schwierige Situationen erlebt. Wobei ich gelernt habe, dass die Menschen, die sich auf eine solche »Expedition« einlassen, das *eigentliche* Abenteuer oft gar nicht erleben möchten. Das wahre Abenteuer erlebt man nämlich nur mit sich selbst.

Irgendwann begegnete mir dann ein Mann, der sich intensiv mit der indianischen Kultur auseinander gesetzt und fast sechs Jahre in den USA bei einem Medizinmann gelebt hatte. Durch ihn habe ich zum ersten Mal eine Schwitzhütten-Zeremonie miterlebt. Das hat mich nachhaltig beeindruckt und neugierig gemacht auf weitere indianische Erfahrungen. Das Erlebnis in der Schwitzhütte, in der man im Dunkeln in feuchter Hitze nackt nebeneinander sitzt – zum Teil mit Menschen, die man nie vorher gesehen hat – und, wenn man dazu bereit ist, seinen Emotionen Ausdruck verleiht, dabei total allein, aber nicht einsam ist, hat mich sehr beeindruckt und meine Neugier geweckt. Ich wollte wissen, wie weit ich gehen kann, bis ich an meine äußersten Grenzen stoßen würde.

Ich habe dann (1996) ein Jahr lang regelmäßig *Prayer Ties* gemacht, viel über Indianer, ihre Mythologie und Rituale gelesen und nach Ablauf eines Jahres in Frankreich eine zweitägige Visionssuche *(Vision Quest)* absolviert. Glücklicherweise hatte ich Michael Two Feathers kennen gelernt, der auf seiner Fahrt in die Schweiz in dem Ort vorbeikam, wo ich mich damals vorübergehend befand, und meine Visionssuche betreute.

Im Laufe des Jahres 1997 habe ich mich dann, nach Rücksprache mit Michael Two Feathers, auf meine

Teilnahme am Sonnentanz vorbereitet. Dazu braucht man einen Bürgen oder man geht zu einem Medizinmann, der einen Sonnentanz leitet, bringt ihm eine Pfeife und fragt ihn, ob man teilnehmen darf. Mir wurden verschiedene Aufgaben erteilt, zum Beispiel die tägliche Anfertigung von *Prayer Ties*. Zudem musste ich mich in meinem Inneren mit der Frage auseinander setzen: Warum will ich am Sonnentanz teilnehmen, was soll er bei mir bewirken? Natürlich hatte ich durch Literatur und Michael Two Feathers, der ein erfahrener Sonnentänzer war, bereits einiges erfahren. Doch gleichzeitig wurde mir sehr vieles nicht erklärt, wie ich später feststellte, und zwar absichtlich nicht. Als ich dann im nächsten Sommer in die USA fuhr, um am Sonnentanz teilzunehmen, suchte ich den begleitenden Medizinmann auf.

Ich hatte bereits ein paar Tage vor meiner Abreise aus Deutschland gefastet, mich von allen Ablenkungen wie beispielsweise Fernsehen, Kino et cetera fern gehalten und dadurch versucht, einen Abstand zu der normalen Welt zu schaffen und mich auf das Erlebnis des Sonnentanzes vorzubereiten. Meine Familie hatte überhaupt kein Verständnis für meine Pläne, nach dem Motto: Schon wieder was Neues und Gefährliches. Auch meinen Mitarbeitern in der Firma mangelte es an Verständnis. Ich begriff ziemlich schnell, dass es nichts bringt, in Bezug auf den Sonnentanz zu sehr ins Detail zu gehen, weil die Leute dann betroffen meinten: »Was, freiwillig vier Tage ohne Essen und vor allem ohne Wasser, und das auch noch im Hochsommer? Das hält der Körper doch gar nicht durch.« Vom *Piercen* habe ich erst gar nichts erwähnt. Die Kommentare dazu wollte ich mir ersparen, wenn ich sie auch verstehen kann. Aber es hätte einfach zu viel Mühe gekostet, das Ganze so zu erklären, dass die Leute verstehen würden, um was es dabei wirklich geht. Außerdem hatte ich ja noch gar keine eigene Erfahrung in dieser Hinsicht und konnte also auch gar nicht so viel dazu sagen.

Dieses Unverständnis der anderen beziehungsweise meine Unfähigkeit oder mangelnde Bereitschaft, das Ritual zu erklären, verstärkte natürlich meine Einsamkeit, war aber für die Vorbereitung auf den Sonnentanz eher positiv. Man muss das Ganze wirklich aus tiefster Seele wollen, auch gegen die äußeren und inneren Widerstände, die unweigerlich auftauchen, selbst wenn man nicht genau weiß, worum es denn nun wirklich geht und was dabei tatsächlich geschieht. Darüber hinaus sollte man sich darüber klar werden, was man sich vom Sonnentanz erwartet. Nur dann ist das Sonnentanzen als eine der Maßnahmen, die ein Mensch ergreifen kann, um für sich selbst in seinem Leben Klarheit zu schaffen, sinnvoll.

Es gibt viele Möglichkeiten, sich Klarheit zu verschaffen; der Sonnentanz ist eine davon, allerdings eine äußerst intensive und wirkungsvolle. Was mich betrifft, habe ich mir davon erhofft, meine Situation hinsichtlich meines verstorbenen Zwillingsbruders klären zu können, meinen Schmerz, meine Trauer, mein Nicht-annehmen-Wollen zu überwinden – was mir trotz der Vielzahl an esoterischer Literatur, die ich nach seinem Tod gelesen hatte, trotz des Versuchs, per Tonband Kontakt mit ihm aufzunehmen, und trotz der Teilnahme an spiritistischen Sitzungen und Ähnlichem nicht gelungen war. Im Gegenteil, alle diese Versuche, seinen Tod zu begreifen und zu akzeptieren, hatten die negative Situation, mein Nicht-begreifen- und Nicht-akzeptieren-Können, sogar noch verstärkt. Eine Tatsache, die letzten Endes auch zu meiner einsamen Fahrt nach Kanada geführt hatte, wo ich als Jäger hauptsächlich allein im Wald gelebt hatte. Ich wollte damals einfach aussteigen, da ich mit dem Leben nichts mehr anfangen konnte und wollte. Als ich aus Kanada zurückkam, hatte ich den Tod meines Bruders allerdings immer noch nicht verarbeitet, sondern ihn in eine Schublade gepackt, verdrängt, wollte mich nicht mehr damit beschäftigen, da ich zu keinem Ergebnis kam. Ich habe mich dann so sehr in meine Firma eingebracht, dass ich an nichts anderes mehr gedacht, sondern nur noch gepowert habe. Das hilft natürlich eine Zeit lang, aber irgendwann holten mich der Schmerz und die Trauer wieder ein. Ich wusste, früher oder später musste ich mich mit dem Thema, das mir so sehr auf der Seele lag, beschäftigen.

Durch die vielen Reisen und fremden Kulturen, die ich bei meiner Arbeit kennen lernte, war ich allerdings eine Weile abgelenkt – wenn es auch dabei hin und wieder Momente gab, wie an einem Abend in der Sahara, an dem es nichts mehr zu tun gab und die alten Gedanken wieder hochkamen, mit denen ich mich dann häppchenweise auseinander setzte. Wobei ich festgestellt habe, dass die fremden Orte und Kulturen einen Rahmen schufen – wie zum Beispiel ein Sonnenuntergang in Botswana oder der Anblick einer Elefantenherde auf dem Weg zum Wasserloch –, der sich sehr positiv auswirkte und den Vorgang des Verarbeitens vorübergehend enorm erleichterte. Meiner Erfahrung nach muss die Auseinandersetzung mit sich selbst bewusst geschehen, indem man sich in eine bestimmte Situation begibt, Musik hört, die einen inspiriert, einen stillen Spaziergang macht oder eine Nacht in der Wüste verbringt: Man braucht einfach einen Rahmen und die Verarbeitung muss bewusst geschehen, anstatt mal kurz am Frühstückstisch oder unter der Dusche zu versuchen, über eine Situation nachzudenken und eine Klärung zu finden. Ich habe für mich festgestellt, dass die Schaffung eines solchen Rahmens für die Verarbeitung schwieriger emotionaler Situationen ganz wichtig ist.

Doch wie gesagt, ich hatte den Tod meines Bruders immer noch nicht wirklich verarbeitet und stand nun kurz davor, zum ersten Mal an einem Sonnentanz teilzunehmen, fern von zu Hause in einer mir fremden Umgebung.

Mir war von vornherein klar, dass ich einen Grund brauchte, um zu tanzen. Bei den Indianern ist es so, dass ein Mann am Sonnentanz teilnimmt, weil jemand in seiner Familie erkrankt ist und er für dessen

Genesung ein Opfer bringen will oder weil er eine Schuld begleichen muss oder um sich für etwas zu bedanken, was die *Tunkashilas* ihm oder jemandem, der ihm nahesteht, an Gutem getan haben. Mir war klar, dass der Grund etwas Massives sein musste, etwas, das mich durch diese vier Tage tragen oder antreiben würde, in deren Verlauf man auf alles verzichtet, was man normalerweise tut oder zu brauchen glaubt. Mir war sofort klar, dass ich mich verstärkt mit dem Verlust meines Bruders auseinander setzen musste und wollte, und ich beschloss, aus diesem Grund am Sonnentanz teilzunehmen.

Dafür musste ich mir vor Ort, also in den USA, die Genehmigung zur Teilnahme von dem leitenden Medizinmann holen, was mir nicht so ohne weiteres möglich war, da ich ja hier in Deutschland lebe. Darüber hinaus ist das Ganze ja auch mit erheblichen Kosten verbunden. Ein Indianer oder Amerikaner hat es da natürlich einfacher; er fährt einfach zum Medizinmann, bringt sein Anliegen vor und erhält dann in der Regel die Einladung, an der Zeremonie teilzunehmen. Wie gesagt, aufgrund der Entfernung war mir das nicht möglich, also bin ich einfach auf gut Glück hingeflogen.

Während der letzten Tage vor dem Sonnentanz und bevor ich den Medizinmann traf, habe ich gefastet und nonstop darüber nachgedacht, wie ich dem indianischen Medizinmann, den ich gar nicht kannte, erklären sollte, wie wichtig mir die Teilnahme am Sonnentanz war, damit er mir seine Genehmigung gab. Ich muss im Nachhinein sagen, dass ich mich – obwohl mir das in dem Moment nicht bewusst war – sozusagen in einen Unternehmermodus begeben habe, nach dem Motto: Wie gebe ich dem Mann eine gelungene Präsentation, die ihn dazu veranlasst zu sagen: »Herr Schliessmann, das haben Sie gut gemacht, Sie können mittanzen.«

Ich komme also zwei Tage vor Beginn der Zeremonie in Oregon an und da ist Godfrey Chips, der betreuende Medizinmann, und alles, was ich tun muss, ist, eine indianische Pfeife – eine *Chanunpa* – zu präsentieren und mir damit die Genehmigung zu holen. Ich hatte keine Pfeife dabei, aber mein Begleiter gab mir seine, die ich Godfrey darbot.

Dann war ich bereit, mit meiner »Präsentation« zu beginnen. Natürlich war ich nervös, denn es bestand ja die Möglichkeit, dass der Medizinmann meine Gründe nicht akzeptieren würde, was bedeutet hätte, dass ich die lange Reise umsonst auf mich genommen hatte. Mir lag also schon sehr viel daran, teilnehmen zu dürfen. Ich hatte mir genau zurechtgelegt, was ich sagen würde, und mir vorher noch die wichtigsten Begriffe in Englisch erklären lassen, damit ich mich auch wirklich klar ausdrücken und dem Medizinmann verständlich machen konnte und nichts von meinen sorgfältig und ehrlich gemeinten Motivationen verloren ging.

Godfrey meinte: »Okay, ich habe fünf Minuten Zeit, lass uns kurz reden.« Im nächsten Moment sitze ich also auf dem Boden vor der Schwitzhütte dem Medizinmann gegenüber, der in keinster Weise meinem vorgefassten Bild entsprach. Er trug eine Bomberjacke, Jeans, Cowboystiefel und Sonnenbrille, sah also völlig anders aus, als ich mir einen indianischen Medizinmann vorgestellt hatte. Ich muss sagen, dass mich die ganze Situation irgendwie seltsam und unwirklich berührte, da sie so anders war als alles, was ich erwartet hatte, obwohl ich andererseits gar keine klaren Erwartungen gehabt hatte.

Es war der letzte Tag vor Beginn des Sonnentanzes. Ich war erst am Abend zuvor in Oregon eingetroffen, bin also sozusagen voll ins kalte Wasser gesprungen. Die ganze vorherige Nacht war ich damit beschäftigt gewesen, meine »Ausrüstung« zusammenzustellen, ohne überhaupt ausreichend informiert zu sein, was ich denn nun alles brauchte. Das war schon ziemlich stressig für mich, aber anders ging es damals eben nicht. Ich hatte zum Beispiel kein Zelt dabei und es mangelte mir auch an anderen Gegenständen, vom Stoff für den Sonnentanz-Rock bis zur Adlerknochenpfeife. Für einen erfolgreichen Unternehmer, der es gewohnt ist, alles bis ins Detail vorzubereiten und jedes Versäumnis als Fehlschlag zu empfinden, war das natürlich eine irritierende Situation.

Ich sitze also vor Godfrey, präsentiere ihm die Pfeife und er fordert mich auf, ihm meine Gründe für die Teilnahme am Sonnentanz darzulegen. Daraufhin wollte ich natürlich meinen tausendmal eingeübten Spruch loslassen – aber ich brachte kein Wort über die Lippen. In diesem Augenblick hatte ich zum ersten Mal das Gefühl »Irgendwas ist hier anders«. Ich saß da, unfähig zu sprechen, in einem völligen Blackout, was mir noch nie im Leben passiert war.

Das machte mich so wütend, dass ich einen Heulkrampf bekam, und anstatt irgendetwas zu sagen, habe ich also erst mal losgeheult. Ich war zum ersten Mal in meinem Leben, abgesehen vom Tod meines Bruders, nicht mehr Herr meiner Sinne. Nach ein paar Sekunden oder auch Minuten – ich kann nicht sagen, wie lange dieser Zustand dauerte – bekam ich mich dann wieder so weit in den Griff, dass ich einigermaßen klar denken konnte und ansprechbar war. Daraufhin sagte Godfrey: »Okay, du kannst die ganzen vier Tage tanzen. Ich weiß Bescheid, du hast mir alles gesagt, was zu sagen ist.«

Seine Reaktion hat mich verständlicherweise etwas erstaunt, nach dem Motto: Das kann doch eigentlich nicht sein, ich habe doch kein Wort über die Lippen gebracht! Dennoch spürte ich deutlich, dass er mich verstanden hatte und die Situation für ihn klar war und es eben weiter gar nichts zu sagen gab. Das hat mich natürlich noch nachdenklicher gemacht in Bezug darauf, ob ich mir wirklich ganz sicher war, was ich tat, und ob ich auch wirklich Vertrauen hatte in den Medizinmann, nicht zuletzt, weil er doch so ganz anders war, als ich ihn mir vorgestellt hatte, und weil es hier offensichtlich Dinge gab, die ich nicht mit meiner deutschen Logik erklären konnte. Ich empfand das starke Bedürfnis, mich zurückzuziehen und meine Situation gründlich zu überdenken, was ich auch tat. Ich habe mich also am letzten Tag vor dem *Tree Day* zurückgezogen und an den letzten Vorbereitungen nicht teilgenommen, weil ich gemerkt hatte, dass ich mir Klarheit in meinem Inneren verschaffen musste.

Ich hatte ja, wie bereits erwähnt, in Vorbereitung auf meine Teilnahme am Sonnentanz ein Jahr vorher unter Michael Two Feathers' Führung in Frankreich ein *Vision Quest* gemacht. Dabei war ich in der ersten Nacht entgegen dem Reglement eingeschlafen. Beim Aufwachen hatte ich dann feststellen müssen, dass meine vierhundertfünf *Prayer Ties* unterbrochen waren und meine *Valuta* – ein in die Erde gesteckter Stock mit einer Muschel am oberen Ende, die den Suchenden personifiziert – sich auf unerklärliche Weise umgedreht hatte. Es war mir nicht möglich gewesen, die Position des Stockes zu korrigieren, da er so fest in der Erde steckte und die *Valuta* ihrerseits so fest daran gebunden war, dass ich sie nicht adjustieren konnte. Das hatte mich damals zunächst bestürzt und dann wütend gemacht, da ich mir gesagt hatte, wenn alles gut – also den Regeln entsprechend – läuft, habe ich ja vielleicht eine Vision, irgendwas, was mit meinem Bruder zu tun hat.

Stattdessen änderten sich auf unerklärliche Weise irgendwelche physischen Dinge. Eine Situation, die mich damals nicht mit Ehrfurcht oder Erstaunen erfüllte, sondern mir eher ein negatives Gefühl gab, so als ob irgendetwas oder irgendjemand, irgendeine nicht greifbare Identität, ihr Spielchen mit mir trieb.

Vielleicht, um mir klarzumachen, dass ich nicht einfach immer ohne weiteres das bekomme, was ich mir vorstelle oder was ich haben will, sondern dass ich noch etwas lernen muss – etwas, was mir überhaupt nicht gefiel.

Das war mir damals allerdings nicht so klar und ich empfand das Ganze eben einfach nur als negativ.

Doch obwohl die Dinge also anders liefen, als man mir gesagt und ich erwartet hatte, bin ich auf dem Berg sitzen geblieben und habe das trotzige Kind gespielt, nach dem Motto: Ich bewege mich hier keinen Meter weg – da müsste mich schon der Blitz treffen –, bevor nicht irgendetwas Deutliches passiert, etwas, das mir sagt: Jetzt ist es genug. Das war mit Sicherheit nicht die richtige Einstellung zu einem *Vision Quest*, aber so empfand ich eben damals.

Ich habe mich im Anschluss an dieses erste *Vision Quest* dann ein Jahr lang auf die Teilnahme am Sonnentanz vorbereitet, indem ich unter anderem das Knüpfen von *Prayer Ties* lernte und so viel wie möglich über den Sonnentanz las. Natürlich war dort die Rede vom *Piercing*, wobei erwähnt wurde, dass das Piercing eine individuelle Entscheidung war und nicht unbedingt von jedem Tänzer vorgenommen wurde. Man sagte mir sogar: »Wenn du vorhast zu piercen, dann tu es erst am letzten Tag.«

Eine Woche vor dem Tanz hatte ich eine Reise durch verschiedene Reservate in South Dakota gemacht, um die Gegend kennen zu lernen, in der die Lakota – der Stamm, zu dem Godfrey gehört – zu

Hause sind. Ich wollte einen Eindruck davon bekommen, wo er und der Sonnentanz herkamen, und auch die heutige Situation der Indianer mit eigenen Augen sehen und mit dem vergleichen können, was ich über ihre frühere Existenz und Lebensweise gelesen hatte. Das war schon sehr ernüchternd, die Armut und Depression in den Reservaten zu sehen.

In der letzten Nacht vor dem Tanz zog ich mich also zurück, um Klarheit in meinem Inneren zu schaffen und genau zu wissen, warum und auf was ich mich hier einzulassen bereit war. Das wurde mir dann auch schnell klar und meine Entscheidung zu tanzen ließ keine Zweifel mehr zu.

Es gab immer noch eine Menge Vorbereitungen zu treffen, von denen ich noch nichts wusste, und auch hier erwies sich erneut meine deutsche Gepflogenheit, alles hundertprozentig richtig machen zu wollen, als störend. Es geht in der indianischen Kultur gar nicht darum, alles perfekt hinzukriegen, sondern darum, es mit ganzem Herzen zu tun. Es ist also unwichtig, wie etwas aussieht, solange es von Herzen kommt. Doch für mich bedeuteten die Vorbereitungen Arbeit ohne Ende, da ich natürlich das schönste Gewand und die am besten geflochtenen Salbeikränze für Kopf, Arm- und Fußgelenke haben wollte. Es erübrigt sich zu sagen, dass meine Bemühungen nicht den erwünschten Erfolg brachten.

Zudem musste der Baum vorbereitet und geschmückt werden, nicht zuletzt mit unzähligen *Prayer Ties*, was ein immenses Maß an gemeinsam verrichteter Arbeit bedeutet und was mir damals, da ich noch an keinem Sonnentanz teilgenommen hatte, sehr fremd war. Schließlich handelte es sich dabei lediglich um einen Baum, und erst später merkte ich, dass er die Quelle, die Seele des Sonnentanzes ist. Doch zunächst war mir das nicht klar und ich fragte mich, ob es denn nötig sei, den Baum so sorgfältig herzurichten. Erst im Nachhinein begriff ich, dass die Heiligkeit einer Sache durch das eigene Tun und Denken bestimmt wird, eine Erkenntnis, die mir am Anfang schwer fiel. Ich begriff mit meiner europäisch-deutschen Denkweise nicht, warum man das Ganze nicht in zehn Minuten erledigen konnte, sondern neunzehn Stunden dafür brauchte. Es konnte doch nicht so schwer sein, die paar *Prayer Ties* und bunten Fahnen aufzuhängen, anstatt Stunden damit zu verbringen, in denen man andere Dinge hätte tun können.

Wir wissen in unserer westlichen Kultur oft nicht mehr, wie wichtig es ist, sich die Zeit für Zeremonien und ihre Vorbereitungen zu nehmen – alles muss schnell gehen und schnell wieder vorbei sein. Diese Zeit des rituellen Erlebens gibt es in unserer Gesellschaft nicht mehr. Am besten lässt sich der Unterschied vielleicht vergleichen mit Fastfood einerseits und einem ausgiebigen Mahl auf der anderen Seite, zu dem man sich hinsetzt und das man gemeinsam genießt. Fastfood hat keinen anderen Sinn, als schnell satt zu machen, während bei einem ausgedehnten Mahl zusätzlich zu dem Gefühl des Gesättigtseins

Kommunikation und ein beglückendes Gemeinschaftsgefühl entstehen. Ähnlich verhält es sich in vielen anderen Bereichen. Doch beim Sonnentanz verläuft es nun eben genau andersherum. Es wird sehr viel Zeit für rituelle Dinge aufgewendet, was auch dazu dient, sich in den rechten geistigen und emotionalen Zustand zu versetzen und sich so auf die jeweilige Zeremonie vorzubereiten.

Doch als Europäer wollte ich natürlich alles schnell hinter mich bringen, um zum eigentlichen Kern, dem Sonnentanz, vorzustoßen, was aber nur dazu führt, dass man letzten Endes an sich selbst hängen bleibt, denn die Indianer lassen sich von unserer Ungeduld weder beeindrucken noch in ihrem Tun beeinflussen.

Dabei erschienen mir die Vorbereitungen teilweise wie ein unentwirrbares Chaos, wobei ich erst im Nachhinein die Erkenntnis gewann, dass Chaos das ursächliche Prinzip hinter allem ist, also auch hinter der perfektesten Ordnung. Wir Menschen versuchen zwar, alles zu ordnen, doch es hat den Anschein, als ob kosmischen Dingen eher die Chaostheorie zugrunde liegt und nicht die menschliche Logik. Insofern schließt sich der Kreis wieder, doch diese Erkenntnis wurde mir, wie gesagt, erst wesentlich später zuteil. In der Situation selbst war das Ganze für mich einfach ein absolutes Chaos und es fiel mir schwer, mich einzufügen.

Am Abend des *Tree Day* begab ich mich mit den anderen Tänzern in das Sonnentanz-Camp, das ich für die nächsten vier Tage nicht mehr verlassen würde.

Unsere Sachen lagen schon bereit, da wir bereits alles eine Nacht zuvor dorthin gebracht hatten. Auch unsere *Piercing Ropes* hatten wir bereits am Baum befestigt; jeder Tänzer braucht ein solches Seil, auch wenn er nicht vorhat, sich piercen zu lassen.

Der Baum sieht sehr eindrucksvoll aus, wie er da steht und mit unzähligen bunten *Prayer Ties*, die um den Stamm gewickelt sind, und mit vielfarbigen Gebetsfahnen geschmückt ist. In der Mitte des Laubwerks wird ein Adlernest befestigt und an der obersten Spitze der Krone weht eine Adlerfeder im Wind. Man kann den fertig hergerichteten Sonnentanz-Baum noch am ehesten mit unseren geschmückten Maibäumen vergleichen, obwohl dieser Vergleich zuungunsten jedes Maibaums ausfallen würde.

Im Gegensatz zu den sonstigen organisatorischen Gepflogenheiten der Indianer, wie ich sie in der kurzen Zeit dort erlebt hatte, wurden die Vorbereitungen für den Sonnentanz und die damit zusammenhängenden Rituale, wie zum Beispiel die Schwitzhütte, bis aufs kleinste Detail genau durchgeführt. Es gibt hier offensichtlich zwei Seinsebenen: einerseits das Leben-und-leben-Lassen und andererseits alles, was mit Ritualen zu tun hat und festgelegten Regeln unterliegt, die genauestens eingehalten werden müssen und die wenig Spielraum für individuelle Interpretation lassen. Wobei aber immer wieder der indianische Humor durchbricht, der für deutsche Gemüter in solchen »ernsten« Situationen nicht so ohne weiteres verständlich ist. Oftmals brüllen die Indianer in einer als »spirituell« zu bezeichnenden Situation vor Lachen einfach los, um in der nächsten Sekunde wieder todernst zu sein – ein Verhalten, das ich zunächst nur schwer nachvollziehen konnte.

Am nächsten Morgen, dem ersten Tag des eigentlichen Sonnentanzes, ging ich kurz nach Sonnenaufgang mit Godfrey und den anderen Tänzern, die ich inzwischen alle mit Namen kennen gelernt hatte, in die Schwitzhütte. Wir wurden dabei nochmals nachdrücklich darauf hingewiesen, dass wir, sobald wir uns in den inneren Kreis des Tanzplatzes, den sogenannten Mysterienkreis, begeben, nur eine einzige Aufgabe haben, nämlich zu beten, unsere Gedanken rein zu halten und uns auf das Gebet zu konzentrieren. Alles andere muss abfallen, denn nur so kann man einen Dienst für die Gemeinschaft bringen, worum es letzten Endes beim Sonnentanz geht.

Ich dachte, das kann ja nicht so schwer sein, mich zu konzentrieren und mein Herz offen zu halten; ich war überzeugt, dass mir das keinerlei Probleme bereiten würde. Ich machte mir eher Sorgen darüber, ob ich vielleicht in meiner Situation als Neuling Fehler machen oder am falschen Platz stehen oder nicht richtig tanzen würde, wobei ich mir unter »Tanzen« etwas völlig anderes vorgestellt hatte, als es dann tatsächlich war. Also, wie gesagt, während der Schwitzhütten-Zeremonie glaubte ich, dass mir das Sprechen mit dem Herzen und die Konzentration keinerlei Schwierigkeiten bereiten würden – eine Annahme, die sich jedoch schnell als irrig herausstellen sollte.

Nach der Schwitzhütte wechselten wir in die rituelle Kleidung, was mich eigenartig berührte, obwohl ich sie selbst hergestellt hatte. Das Ganze erinnerte mich an das Umziehen für einen Maskenball. Zu Hause hatte es für mich höchstens einmal im Jahr einen Anlass gegeben, mich so zu »verkleiden«, und das war zu Fasnacht. Maibaum und Maskenball – in diesen letzten Momenten vor Beginn des Tanzes konnte ich mich dieser Vergleiche nicht erwehren, obwohl ich versuchte, dagegen anzukämpfen. Ich dachte, wenn ich jetzt mit meinem langen Rock, der geflochtenen Salbeikrone auf dem Kopf und meinen Adlerfedern in die Arena hinaustrete, dann fangen alle an, vor Lachen zu brüllen. Was natürlich niemand tat. Und auch ich lachte nicht, als ich die anderen Tänzer sah. Plötzlich empfand ich ein Gefühl von Würde, das ich mir, als ich meine Bekleidung anfertigte, gar nicht hatte vorstellen können.

Das lag sicher auch an dem Rahmen, in dem ich mich jetzt befand, umgeben von den Männern und Frauen, die mit mir gemeinsam diesen Sonnentanz zelebrieren würden, und an der Anwesenheit Godfreys und der Helfer, allesamt erfahrene Sonnentänzer.

Was die Adlerfedern für meinen Piercing-Strick und den Fächer betraf, so war es nicht einfach gewesen, welche zu finden, doch schließlich kam mir ein Falkner in Deutschland zu Hilfe. Die Schwingenfedern des Adlers sind sehr begehrt; zudem ist es verboten, sie zu kaufen oder zu verkaufen. Und wenn man keinen Falkner kennt, wird die Sache unter Umständen zu einem wirklichen Problem. Glücklicherweise fand ich einen, der Verständnis hatte für meine Absicht, am Sonnentanz teilzunehmen, wenn er auch nicht wusste, worum es sich dabei handelte, und ich es ihm erklären musste. Daraufhin machte er mir die Federn sogar zum Geschenk – wie es nach indianischer Tradition eigentlich auch sein sollte, nämlich, dass man nicht einfach hingeht und etwas kauft, sondern sich ernsthaft darauf konzentriert, sich bemüht und dann auch ohne finanziellen Aufwand das bekommt, was man braucht. Das war aber noch nicht das Ende der Schwierigkeiten mit den Adlerfedern: Ich musste sie in die USA einschmuggeln, da dort die Gesetze in Bezug auf den Besitz von Adlerfedern sehr streng sind und entsprechende Vergehen mit hohen Geldstrafen geahndet werden. Ich hatte die kostbaren Federn in Tücher eingewickelt und ganz unten in meinem Gepäck verstaut – und trotz meiner Nervosität beim Zoll lief alles reibungslos …

Bei meinem ersten Sonnentanz nahmen hauptsächlich Indianer an dieser heiligsten aller indianischen Zeremonien teil, einige von ihnen in fortgeschrittenem Alter. Das ist mittlerweile nicht immer der Fall. Da es seit Mitte der Siebzigerjahre des lezten Jahrhunderts auch Nichtindianern gestattet ist, an Sonnentänzen teilzunehmen, befinden sich diese zuweilen sogar in der Überzahl. Wobei allerdings der

Leiter des Sonnentanzes und der begleitende Medizinmann immer Indianer sind. Diese Überzahl von Nichtindianern ist zunächst gewöhnungsbedürftig, ein Gefühl, das sich aber im Laufe der Zeremonie schnell verliert.

Bald wurden wir zur ersten Runde des Tanzes gerufen. Wir formierten uns entsprechend den Anweisungen von Michael Two Feathers, dem Leiter dieses Sonnentanzes. Mir war in diesem Moment noch immer nicht richtig klar, was ich denn eigentlich tun musste und wie. »Kein Problem«, hatten mir die Helfer gesagt. »Wir führen dich und stellen dich an den richtigen Platz.«

Das war für mich nicht einfach zu akzeptieren, da ich es gewohnt war, immer schon vorher zu wissen, was ich als Nächstes tun musste und wie der Ablauf einer Situation aussah. Hier war es also anders, und so hatte ich noch immer meine Bedenken, gerade weil auch sehr viele Menschen gekommen waren, um den Tanz zu sehen – Verwandte der Tänzer, Freunde und solche, die den Sonnentanz und die Tänzer mit ihrer Anwesenheit und ihren Gebeten unterstützen wollten. Das Ganze konnte man ja unter Umständen als eine Art Vorführung betrachten, ging es mir durch den Kopf, und mir lag natürlich viel daran, eine gute Figur zu machen. Irgendwie fühlte ich mich in diesen ersten Momenten so, als befände ich mich auf einer Bühne und als seien die Anwesenden alle erwartungsvolle Zuschauer, die meine »Vorführung« beurteilen würden. Ich fühlte mich beobachtet und hatte immer noch Angst, dass ich irgendwelche Fehler machen könnte. Doch dann kam mir Godfreys Aussage in den Kopf, dass nur eines wichtig war: komplettes Loslassen und Konzentration auf das Wesentliche, nämlich Beten.

Wir formierten uns also, und Sam, ein junger, erfahrener Sonnentänzer, der als einer der Helfer fungierte, wies mir meinen Platz in der Runde der Tänzer zu, den ich für die nächsten vier Tage beibehalten würde.

In der ersten Runde befindet man sich im so genannten äußeren Kreis, von wo aus man wortlos die Anwesenden und die vier Kardinalrichtungen Norden, Süden, Osten und Westen begrüßt. Erst ab der zweiten Runde betritt man den eigentlichen inneren Kreis, den Mysterienkreis, in dem der Tanz stattfindet. Die Menschen begrüßten uns mit erhobenen Händen und geschlossenen Augen, eine Art der Begrüßung, die ich mir bisher höchstens als Zeichen der Ehrerbietung vor einem höheren Wesen vorstellen konnte. Doch hier war ich, Peter Schliessmann, zusammen mit den anderen Tänzern und mir wurde diese beinahe ehrfürchtige Geste zuteil.

Eine Gänsehaut lief mir über den Rücken.

Ich schloss die Augen und ein Gefühl des Erstaunens ergriff mich. So etwas hatte ich noch nie erlebt. Wieso begrüßte mich eine Gemeinschaft von Menschen auf diese Weise? Ich hatte doch gar nichts getan, womit ich diesen Respekt verdiente, und ich empfand ihn als ein Zeichen großen Vertrauens, das diese mir durchweg unbekannten Menschen aus irgendeinem Grund in mich und unsere Gruppe von Tänzern setzte und das ich nicht enttäuschen wollte, wenn ich auch nicht wusste, wie. Ich fühlte mich so eigenartig berührt, dass ich am liebsten zu den Leuten gesagt hätte: »Warum begrüßt ihr mich so? Ich habe eure Ehrfurcht doch gar nicht verdient.« Ich fühlte mich noch sehr wie Peter Schliessmann aus Deutschland, der an diesen fremden Ort gekommen war und nur eine sehr vage Vorstellung von dem hatte, was ihn hier erwartete.

Die erste Tanzrunde brachte für mich eine entscheidende Änderung auf der Gefühlsebene, nicht zuletzt aufgrund des Trommelns und Singens der beiden sich abwechselnden Trommelgruppen, die zwar von Anfang an alle Ereignisse locker begleitet hatten, jetzt aber ihren *Altar* ernsthaft einnahmen und aus vollem Herzen sangen und trommelten. Jeder war auf seinem Platz, die Trommelgruppen, der Medizinmann, die Helfer, wir, die Tänzer – eine Tatsache, die natürlich die Energie fokussierte und verstärkte.

Jetzt ging es also wirklich los, das war uns allen klar.

Plötzlich waren sämtliche Gedanken, Befürchtungen und Ablenkungen, die mir vorher noch im Kopf herumspukten, wie weggeblasen. Ich befand mich von einem Moment auf den anderen in einer innerlich neutralen Position; ich hatte den inneren Kreis betreten und einfach losgelassen, so wie Godfrey gesagt hatte. Mein Kopf war frei, meine Bereitschaft für alles, was auf mich zukommen würde, wie auch meine Konzentration auf das Geschehen stieg. Alle Befürchtungen waren wie weggeblasen und im Nachhinein glaube ich, dass auch ein großer Teil von Peter Schliessmann, von der Identität, die ich als meine Person betrachte und als die ich mich normalerweise empfinde, aufgehoben oder zumindest nicht mehr das vorherrschende Prinzip war. Die vielen massiven Befürchtungen, die ich gehabt hatte, ob ich auch alles richtig machen würde, waren verschwunden und tauchten auch während der nächsten vier Tage nicht mehr auf. Alles war einfach klar, wie eine übergeordnete Logik, die sich von selbst ergab. Nicht dass es sich hier um eine Art Choreografie oder Ähnliches handelte, sondern die Dinge, die von uns verlangt wurden, waren einfach klar und ergaben sich wie von selbst.

Während der ersten Tanzrunde hatte ich noch keine Pfeife aus Adlerknochen, die die männlichen Tänzer an einer Schnur um den Hals tragen und auf der sie blasen, vor allem in Momenten starker körperlicher, emotionaler oder seelischer Belastung während der Zeremonie. Ich werde den besonderen Klang dieser Adlerknochenpfeifen mein Leben lang nicht vergessen. Allein bei dem Gedanken, morgen irgendwo auf der Straße diesen Klang zu hören – so unwahrscheinlich das auch sein mag –, zucke ich schon wie bei einem elektrischen Schlag zusammen. Der unnachahmliche Klang der Adlerknochenpfeife hat eine außergewöhnlich hohe Frequenz und ist für mich natürlich immer mit dem Gedanken an den Sonnentanz verbunden, was daher sofort emotionale Zustände in mir auslösen würde. Allerdings ist die Wahrscheinlichkeit, außerhalb des Sonnentanzes den Klang einer solchen Adlerknochenpfeife zu hören, äußerst gering …

Bereits nach dieser ersten Tanzrunde hatte ich das Gefühl, einen Wert für die Gemeinschaft zu haben, auf eine Art, die mir völlig neu war; eine wirkliche Aufgabe, die mir zeigte, dass ich hier nicht nur etwas für mich, sondern für alle Anwesenden tat. Mir war vorher gesagt worden, dass meine Gebete zum Teil die Gemeinschaft und zum Teil mein persönliches Anliegen betreffen sollten; richtig begriffen und erlebt habe ich diese Anweisung dann erst während dieses ersten Tages.

Sehr viele Dinge versteht man – vor allem in einer solch ungewöhnlichen Situation wie dem Sonnentanz und insbesondere als Europäer, dem jegliche Ritualethik ja völlig fremd ist – erst dann, wenn man sie tut. Ich habe den Sonnentanz für mich so verstanden, dass ich ein Motor für den Medizinmann bin, der den Tanz begleitet (und übrigens auch mittanzt), und dass die Sonnentänzer mit ihrer Konzentration und Hingabe dem Medizinmann wiederum die erforderliche Energie geben, das zu tun, was er für die Gemeinschaft zu tun hat. Ob es sich tatsächlich so verhält, kann ich nicht mit Bestimmtheit sagen, jedoch war das mein Empfinden. Dadurch, dass man betet, tanzt und auf seiner Adlerknochenpfeife bläst, wenn man nicht mehr beten kann – wobei ich ja zunächst keine Pfeife hatte und mir nichts anderes übrig blieb, als mich nach innen zu konzentrieren, also zu beten, was sich bereits an diesem ersten Tag als problematisch herausstellte –, unterstützt man den Medizinmann und gibt ihm zusätzliche Kraft, eine Tatsache, die mir vorher nie in den Sinn gekommen wäre.

So komisch es klingen mag, ich als Deutscher mit meiner katholischen Erziehung begann erst mal damit, alles in mir zusammenzusuchen, was ich an Gebeten kannte, vom Vaterunser über Abendgebete bis zum Rosenkranz, bis ich feststellen musste, dass das vielleicht nicht die Art von Gebeten beziehungsweise die Art des Betens war, auf die es hier ankam. Ich begann mir zu überlegen, welche Art von Beten denn nun gemeint sein könnte. Ich konnte doch nicht vierundzwanzig Stunden am Tag immer nur an meinen Bruder denken, also mich ständig gedanklich mit ihm beschäftigen. Danach fühlte ich mich nicht. Ich erwartete eher, dass mir aufgrund meiner Konzentration und dem, was ich dadurch der Gemeinschaft gebe, etwas zurückgegeben wird.

Daher hatte ich am ersten Tag Schwierigkeiten, die Dinge einfach laufen zu lassen, und habe erst am zweiten Tag wirklich begriffen, was das »Sprechen mit dem Herzen« tatsächlich bedeutet, nämlich einfach das zu denken, was kommt, und es so zu denken, wie es kommt, und es als Gebet zu verstehen. Also sorgsam mit den Gedanken, die kommen, umzugehen und sie zu Ende zu denken. Das war etwas, was ich nicht kannte und womit ich zunächst Schwierigkeiten hatte.

Jedes Mal, wenn ich gedanklich aus dem Takt war, wirkte sich das bei mir sozusagen tanztechnisch aus, das heißt, dass ich auch mit den Schritten aus dem Takt kam. Und dabei fiel mir jedes Mal auf, dass Godfrey wie zufällig kurz zu mir hinschaute, was mich an die erste Begegnung mit ihm vor der Schwitzhütte erinnerte, als er genau wusste, was ich auf dem Herzen hatte, ohne dass ein Wort zwischen uns gefallen war. Physisch war ich zwar da und versuchte, den Tanz richtig durchzuführen und nichts falsch zu machen; geistig und seelisch jedoch war ich noch weit davon entfernt, völlig bei der Sache zu sein. Noch folgte ich dem üblichen westlichen Motto: Hauptsache, nach außen hin ist alles perfekt, wie es dahinter aussieht, ist nicht so wichtig. Wie gesagt, gleich am ersten Tag hatte ich das Gefühl, dass die Dinge hier so nicht funktionierten und dass es sofort spürbar wird, wenn man nicht wirklich hundertprozentig dabei ist. Man kann nicht einfach nur körperlich anwesend sein und die entsprechenden Schritte tun, ohne seelisch voll bei der Sache zu sein.

Das bestätigte sich für mich auch durch zwei der Tänzer, die offensichtlich innerlich nicht voll dabei waren und schon am dritten Tag aufgaben. Einer von ihnen war ein Vietnam-Veteran, der mir – vielleicht aber auch fälschlicherweise – den Eindruck vermittelte, dass er einfach nur mal einen Sonnentanz in seine

Kampf- und Ruhmgeschichte aufnehmen wollte. Doch findet offenbar eine ganz natürliche Art von Auslese statt, wenn ein Teilnehmer nicht mit voller Hingabe und Konzentration bei der Sache ist – nicht zuletzt deshalb, weil die Teilnahme am Sonnentanz eine bis an die Grenzen des Erträglichen gehende Erfahrung sein kann, die man wohl nur dann zu ertragen in der Lage ist, wenn man wirklich zutiefst motiviert ist.

Der erste Tag ist noch relativ einfach und erfordert keine allzu große Anstrengung, sondern ist eher eine Phase der Orientierung und des Sich-vertraut-Machens. Doch spätestens am dritten Tag treten die physischen Aspekte des Tanzes in den Hintergrund und es geht dann nur noch mit dem Geist weiter. Das heißt, dass man am dritten Tag, an dem der Körper in einen Zustand der Schwäche fällt, geistig so stark sein muss, dass der Geist den Menschen trägt und nicht mehr der Körper den Geist mitschleppt, wie es in der westlichen Kultur üblich ist. Dies allein ist schon eine schwierige Aufgabe, die man während der vier Tage des Tanzes bewältigen muss, abgesehen von all den anderen Aspekten, die dazugehören.

Bereits am ersten Tag ließen sich einige der Tänzer piercen. Ich hatte beschlossen, mir diesen Vorgang zunächst einmal anzuschauen und, wenn überhaupt, nur am letzten Tag zu piercen. Ich machte mir also deswegen keinen Stress. Außerdem wusste ich, dass einige der Tänzer nicht piercen würden und es also völlig in Ordnung wäre, wenn ich es auch nicht tue. Das Ganze war ein Thema, über das man mit niemandem sprach, sondern das man für sich alleine klären musste. Ich konnte also nicht fragen: »Wie ist das denn nun mit dem Piercen, tut es sehr weh oder nicht? Und warum sollte ich es überhaupt tun?« Der Sinn hinter dem Piercing, hinter diesem sicher schmerzhaften Blutopfer, war mir an diesem ersten Tag noch nicht klar.

Jedenfalls wurde am Nachmittag unter dem Baum einigen Tänzern die Brusthaut durchstochen, was ich natürlich intensiv beobachtete, obwohl das nicht meiner Aufgabe entsprach – meine Aufgabe bestand ausschließlich darin, mich auf meinen Tanz und meine Gebete zu konzentrieren, nach innen und nicht nach außen zu schauen, selbst wenn meine Augen auf einen bestimmten Punkt am Sonnentanz-Baum gerichtet waren. Aber während des Piercings war mir das einfach unmöglich; ich musste unbedingt, so weit es ging, herausfinden, warum, wie und was denn da nun geschah. Ich empfand einen tiefen Respekt vor den Tänzern, die sich die Haut auf ihrer Brust durchtrennen ließen. Der Gedanke an Blut, Schmerz und Leid kam mir dabei nicht einmal in den Sinn, sondern nur die Gewissheit, dass dieser Vorgang für den Betreffenden sicher einen Sinn haben musste, nicht zuletzt weil viele während des Piercings offensichtlich tiefe Emotionen verspüren. Damit meine ich nicht in erster Linie körperliche Schmerzen. Tränen flossen und ganz offensichtlich löste das Piercing bei den jeweiligen Tänzern tiefe Gefühle aus, die weit über das körperliche Empfinden hinausgingen.

Instinktiv wusste ich, dass es sich beim Piercing darum handelte, die eigenen Grenzen zu überschreiten; zumindest bei mir würde es so sein, dessen war ich mir sicher. Ich hatte mir noch nie vorher absichtlich ein Stück Haut ausgerissen oder ausreißen lassen; so etwas war höchstens im Zusammenhang mit einer unfreiwilligen Verletzung geschehen. Sich bewusst die Haut durchstechen und Adlerkrallen in ihr befestigen zu lassen, an die ein Seil geknüpft wird, dessen anderes Ende um den Stamm des Baumes in der Mitte des Mysterienkreises geschlungen war, und sich dann irgendwann während des Tanzes loszureißen, nachdem die Haut sich viele Male aufgrund des Zerrens an dem Seil so weit gedehnt hat, wie ich es nie für möglich gehalten hätte, und sich bis zu dem Punkt zu bringen, an dem man loslässt, sowohl körperlich als auch geistig, und es zulässt, dass die Haut tatsächlich reißt, ist eine völlig neue Erfahrung. Man gibt ein Stück von sich selbst, vom eigenen Fleisch und Blut, für die Gemeinschaft, um dafür ein Stück neuen Lebens zu empfangen.

Das wurde mir beim Anblick dieser Männer klar, die da unter dem Baum lagen und sich piercen ließen. Es machte einen so großen Eindruck auf mich, dass ich beschloss, mich entgegen allen vorherigen Überlegungen und Bedenken bereits an diesem ersten Nachmittag piercen zu lassen. Bis auf drei oder vier Tänzer – insgesamt waren wir ungefähr zwanzig – ließen sich alle an diesem Tag die Haut durchstechen.

Plötzlich war es für mich ganz wichtig, dieser Gemeinschaft der Sonnentänzer rückhaltlos anzugehören, vor allem nachdem ich die ersten Piercings miterlebt hatte. Es war mir ein großes Anliegen geworden, mir ebenfalls an diesem ersten Tag die Haut durchstechen zu lassen, um gleich ganz und gar dabei zu sein. Nicht zuletzt weil ich ja auch Probleme mit meiner mentalen Sichtweise der Dinge hatte und sich die rechte Konzentration nicht einstellen wollte, so wie ich es mir wünschte. Und ich hoffte natürlich, dass sich dieser Zustand durch das Piercen ändern würde, dass ich sozusagen den Zug erwischte, in dem die anderen – wie ich annahm – schon alle drin saßen, und dass ich einen Zugang finden würde zu dem, was hier nun wirklich vor sich ging.

Ich ließ den Medizinmann wissen, dass ich beschlossen hatte, mich noch am gleichen Tag piercen zu lassen. Also malte einer der Helfer vor der letzten Piercing-Runde am Nachmittag mit roter Erdfarbe zwei Kreise auf meine Brust, die als Markierung für das Piercing galten. Irgendwie tanzte ich von da an anders, denn ich wusste ja, dass ich sozusagen wie ein Schaf zum Schlachten gezeichnet war – wenn der Vergleich auch sehr hinkt. In jedem Fall rief die Markierung einen Wandel in mir hervor.

Und so geht das Piercen vor sich: Ein Tänzer nach dem anderen wird von den Helfern aus der Runde geholt und an dem um sein Handgelenk gebundenen Zopf aus Salbei zum Baum geführt. Hier ist die Energie ganz besonders stark, weil sich bis zu zehn Männer gleichzeitig versammeln, die darauf warten, dass ihnen die Brusthaut durchstochen wird, und weil jeder von ihnen versucht, in seine ganz natürliche Konzentration einzutauchen, die ihm helfen wird, das Piercing zu ertragen.

Was mir in dem Augenblick erneut ganz deutlich klar wurde, war die Notwendigkeit, einen Grund für das Piercing zu haben, etwas, das von elementarer Bedeutung ist. Überraschenderweise rückten dabei nicht so sehr die Gefühle um den Tod meines Bruders in den Vordergrund, sondern vielmehr der Gedanke an meinen kleinen Sohn, nach dem Motto: Ich muss geben, um zu bekommen. Mit diesem Gedanken war es mir dann möglich, das Piercing zu ertragen. Außerdem beschloss ich in einem Anfall von Logik, mich beim dritten Mal vom Baum loszureißen, weil ich das als vorteilhaft ansah. Ich richtete es so ein, dass das Singen und Trommeln, das Mitgehen der anwesenden Gemeinschaft und meine innere Konzentration sich derart auf einen Punkt sammelten, dass im Augenblick des Losreißens alles miteinander verschmolz und bei mir so viel überschüssige Energie frei wurde, die ich nicht kontrollieren konnte, dass ich um Haaresbreite nach rückwärts gestolpert und gestürzt wäre. Zu meinem Erstaunen bemerkte ich dann sowohl meine Freundin, die zu meinem Beistand in den Kreis getreten war und weinend etwas seitlich hinter mir stand, als auch die Gemeinschaft der Anwesenden, die alle sehr emotional auf das Losreißen der Tänzer reagierten, während ich mich in diesem Augenblick mehr oder weniger schwebend, beinahe euphorisch fühlte. Aller Druck war verschwunden und ich fühlte mich frei und erlöst. Mir wurde klar, dass die Gemeinschaft die Tänzer mitträgt und ihnen die Kraft gibt, sich vom Baum loszureißen.

Einer der Tänzer hatte es an diesem ersten Tag besonders schwer. Er musste ungefähr ein Dutzend Mal vom Baum zurücktanzen und an den in seiner Brust befestigten Seilen zerren, bevor die zum Zerreißen gespannte Haut auf seiner Brust endlich mithilfe des Medizinmannes, zweier Helfer, die ihn leicht untergehakt hatten und mit ihm auf den Baum zu- und wieder von ihm wegtanzten, sowie der unterstützenden Energie der Zuschauer riss, was bei ihnen einen Aufschrei der Erleichterung und ein Jubeln wie aus einer Kehle hervorrief.

Den physischen Schmerz des Losreißens habe ich dann erst am Abend dieses ersten Tages wahrgenommen; er war in dem euphorischen Gefühl, das ich zunächst empfand, völlig in den Hintergrund getreten. Während der auf den Tanz folgenden Schwitzhütten Zeremonie geriet ich dann augenblicklich in eine völlig unerwartete Krise. Und zwar nicht so sehr aufgrund der Schmerzen auf meiner Brust, sondern wegen des heftigen Sonnenbrandes auf meinem Rücken, der mir mit der ersten heißen Dampfwelle in der Schwitzhütte überwältigend bewusst wurde. Dass mir die Stellen, an denen ich gepierct worden war, Schmerzen bereiten würden, damit hatte ich gerechnet, nicht jedoch mit dem starken Sonnenbrand auf meinem Rücken, der kein Wunder war, da ich ja – genau wie die anderen Tänzer – stundenlang unter den heißen Strahlen der Sonne getanzt hatte. Ich war schlichtweg nicht auf diese Empfindung vorbereitet und sie hat mich sofort an den Rand des für mich Erträglichen gebracht. Ich glaube, ich habe laut aufgeschrien, als die erste Dampfwelle mich traf. Sicher ist, dass ich im selben Moment eine Art Vision hatte, in der sich auf der Bühne eines uralten Theaters schwere rote Brokatvorhänge bauschten, aus denen eine ebenso uralte, freundlich dreinblickende Schildkröte hervorkroch. Ihr Gesicht war von einem wissenden Lächeln erhellt, das sich jedoch im nächsten Moment in eine Unzahl unterschiedlichster Masken verwandelte, von der Visage eines Teufels über die Gesichter von Menschen, die ich kenne, und solchen, die ich nie zuvor gehen hatte; vom unverkennbaren Ausdruck eines Halbaffen bis hin zu meinem eigenen Gesicht. Zum Schluss war sie wieder die freundliche Schildkröte, die ich am Anfang gesehen hatte. Sie bewegte sich auf einen Springbrunnen zu und glitt hinein. Diese Vision hatte mich aus irgendeinem Grund so mitgenommen, dass ich nach Ende der Zeremonie noch allein in der Schwitzhütte sitzen blieb, um wieder voll zu mir zu kommen.

Erst als ich wieder ins Freie trat, wurde mir klar, dass der erste Tag des Sonnentanzes vorbei war. Godfrey hatte beschlossen, jedem von uns eine Kelle Wasser zu trinken zu geben. Da saßen wir, zwanzig erschöpfte und durstige Männer, und ich sagte mir: »Jetzt, in diesem Moment, musst du lernen, den Durst zu ertragen.« Ich wollte als Letzter trinken, da ich diesen Tag als eine große Lehre für mich empfand und meinem Drang nach Befriedigung eines Bedürfnisses nicht sofort nachgeben wollte. Die anderen, die ja gemerkt hatten, dass ich in der Schwitzhütte an die Grenzen des für mich Erträglichen gestoßen war, waren ganz überrascht über meine Entscheidung, als Letzter zu trinken. Das Wasser empfand ich – wie wir alle, da bin ich mir sicher – als das Leben schlechthin; es gibt kein Leben außer durch Wasser. Diese Tatsache bewusst zu erfahren ist ein unvergessliches Erlebnis.

Bevor ich zu meinem Schlafplatz ging, noch ganz erfüllt von meinem Erlebnis in der Schwitzhütte, habe ich dann Godfrey von meiner Vision berichtet, da ich nie zuvor – und seitdem auch nie wieder – eine Vision hatte. Das Erlebnis mit der Schildkröte war so deutlich gewesen in dem überwältigenden Schmerz, den ich während der Schwitzhütten-Zeremonie empfand, dass ich einfach mit Godfrey darüber reden musste.

Am Morgen des zweiten Sonnentanz-Tages rief Godfrey alle Tänzer zusammen und verkündete, dass am Nachmittag in der Pause zwischen zwei Runden ein Meeting stattfinden würde. Dabei erklärte er dann, dass er in der Nacht eine Vision gehabt hatte, derzufolge sich am weiteren Verlauf des Tanzes einiges ändern würde. Wir alle – die männlichen und weiblichen Tänzer, Michael Two Feathers, der Leiter des Sonnentanzes, und die Helfer – standen im Kreis um ihn herum und hörten, was er uns zu sagen hatte. Einer der Helfer brachte auf Godfreys Anordnung einen Eimer mit Wasser, in dem Zitronenstücke schwammen, und wir sahen einander fragend an. Der Medizinmann verkündete: »Ab sofort kann jeder Tänzer für sieben *Prayer Ties*, die er selbst anfertigen muss, in den Tanzpausen Wasser trinken.«

Meines Wissens war es den Teilnehmern bei einem Sonnentanz bisher noch nie erlaubt worden, während des Tages zu trinken. Aber Godfrey hatte diese Vision gehabt, diese Anweisung der *Tunkashilas*, und er setzte sie in die Tat um. Ich sehe noch genau Michael Two Feathers' Gesicht vor mir, das von ungläubigem Staunen erfüllt war, obwohl in der Regel vom Gesicht eines Indianers nicht viele Emotionen abzulesen sind.

Ich selbst hatte mit allem Möglichen gerechnet, nicht jedoch mit dieser Ankündigung. Jeder von uns war mehr als verblüfft und wir alle, einschließlich Michael und der Helfer, sollten dann eine Kelle Wasser trinken; es war uns nicht freigestellt, sondern es handelte sich um eine Aufforderung, der wir Folge leisten *mussten*. Selbst wenn jemand sich dazu verpflichtet hatte, keinen einzigen Schluck zu trinken – Godfrey duldete keine Ausnahme. Später fand ich heraus, dass es so etwas tatsächlich noch nie gegeben hatte, abgesehen von den ersten Sonnentänzen Mitte der Siebzigerjahre, als sie nach jahrzehntelangem

Verbot durch die Regierung in Washington dank der Bemühungen des American Indian Movement wieder zugelassen worden waren. Diese Tänze wurden laut Augenzeugenberichten des Anthropologen und Autors Thomas Mails nicht immer so streng durchgeführt wie früher oder wie seither.

Ob und inwiefern diese Anordnung des Medizinmannes etwas mit meiner Vision in der Schwitzhütte zu tun hatte, weiß ich nicht, doch für mich war es einfach stimmig. Ich hatte Godfrey ja von meiner Vision erzählt, wobei er keinen Kommentar abgegeben, sondern nur stumm genickt und meine Worte offensichtlich zur Kenntnis genommen hatte. Am nächsten Nachmittag erließ er dann diese Order und ich hatte das Gefühl – ob es zutrifft, kann ich allerdings nicht mit Gewissheit sagen –, dass seine Entscheidung etwas mit meiner Vision von der Schildkröte zu tun hatte, die in den Springbrunnen geglitten war.

Ich habe dann in den verbleibenden zwei Tagen des Sonnentanzes, genau wie die anderen Tänzer, nach jeder Runde eine Kelle Wasser getrunken, was mir sicherlich geholfen hat, den Tanz gut zu Ende zu bringen. Doch habe ich mir schon damals vorgenommen, bei meinem zweiten Sonnentanz im nächsten Jahr die Wasseraufnahme auf eine Kelle Wasser pro Tag zu reduzieren (was dann bis auf einen Tag auch funktioniert hat), um mich darauf vorzubereiten, den letzten Sonnentanz meiner vierjährigen Verpflichtung zum Tanzen ganz ohne Wasser durchzuhalten. Es ist schon sehr schwierig, vier Tage lang in der Hitze des Sommers ohne Wasser oder sonstige Flüssigkeitszufuhr auszukommen, vor allem wenn man stundenlang konzentriert unter der prallen Sonne tanzt und betet. Die körperliche Erschöpfung wird schnell spürbar, trotz der Kelle Wasser zwischen den einzelnen intensiven Tanzrunden, die bis zu zwei Stunden dauern, vor allem am dritten und vierten Tag, an denen man wirklich an seine physischen Grenzen stößt. Zumindest mir als Deutschem, aus einem völlig anderen Kulturkreis, nicht gewohnt an Zeremonien dieser Art, ging es so. Die beteiligten Indianer haben ganz offensichtlich eine höhere Toleranz gegenüber der Härte und den Entbehrungen des Sonnentanzes und scheinen nicht so schnell an ihre Grenzen zu stoßen.

In den Ruhephasen zwischen den einzelnen Runden werden einem – vor allem, wenn man gepierct hat – die Schmerzen, die man empfindet, erst richtig bewusst. Man kann sich nicht entspannt hinlegen, denn der ganze Körper tut weh. Sonnenbrand, der Schmerz der aufgerissenen Haut auf der Brust oder auf dem Rücken, die wunden Füße, die stundenlang nackt auf dem trockenen, heißen, mit stacheligem Gras bewachsenen Erdboden getanzt haben – das alles macht sich in den Pausen verstärkt bemerkbar. Man weiß nicht, wie man sich hinlegen soll, da jede Position je nach Piercing wehtut. Man befindet sich während dieser vier Tage eigentlich immer in einem Zustand des Betens und der Konzentration und durchaus auch des Leidens, nicht zuletzt wegen dieser Empfindungen.

Der dritte Tag war für mich der schwerste.

Körperlich konnte ich, unterstützt durch die Kelle Wasser zwischen den Runden, die Anstrengung, die Schmerzen und die Erschöpfung relativ gut ertragen, aber geistig durchzuhalten, kostete mich enorme Kraft. Bei jeder Runde schlich ich nur mehr an meinen Platz im Mysterienkreis. Zudem war mein Sonnenbrand natürlich noch schlimmer geworden, sodass mir die oberste Hautschicht in Fetzen abging und die darunter liegende Haut natürlich auch sofort schutzlos der Sonne ausgesetzt war und verbrannte; mein Zustand wurde also nicht besser, sondern verschlimmerte sich stündlich. Doch der Gedanke aufzuhören kam mir nie in den Sinn. Eher schon die Angst davor, an eine Grenze zu stoßen, an der ich die physische und psychische Kontrolle verlieren und vielleicht bewusstlos werden könnte. Wobei ich jetzt nach meinem zweiten Sonnentanz sagen würde, dass genau das der eigentliche Liebes- beziehungsweise Vertrauensbeweis ist, den man aufzubringen lernt.

Mittlerweile bin ich bereit, mich dieser Grenze zu nähern und auch über sie hinauszugehen, wenn es erforderlich sein sollte. Mir ist klar geworden, dass die eigentliche Aufgabe darin besteht, nicht nur beim Piercen an die eigenen Grenzen zu gehen, sondern insgesamt der Gemeinschaft und dem Medizinmann zu vertrauen, den Tanz in seiner Härte und auch ohne Wasser überstehen zu können. Ich sage mir heute: Du willst es, du kannst es; seit unzähligen Generationen wird diese Zeremonie immer wieder von Menschen durchgeführt, die sich aus für sie wichtigen Gründen dazu verpflichten, und ich kann es genauso schaffen. Die beiden Sonnentänze, an denen ich bisher teilgenommen haben, haben mir den Beweis dafür erbracht. Nicht nur in Bezug auf mich selbst, sondern auch auf die vielen verschiedenen Teilnehmer in der unterschiedlichsten körperlichen Verfassung, die die vier Tage zwar zum großen Teil völlig erschöpft, aber glücklich überstanden haben. Das Wichtigste ist die Fähigkeit des Geistes, zu glauben und zu lieben, sonst schafft er es nicht – im Grunde schafft er sonst gar nichts, das bezieht sich nicht nur auf den Sonnentanz. Das ist ein Punkt, der mit Sicherheit bei meinen beiden kommenden Tänzen noch eine ganz neue Bedeutung annehmen wird.

Die letzte Runde am vierten Tag des Sonnentanzes ist die so genannte Heilrunde, bei der alle aus der Gemeinschaft, die es möchten, zum ersten und einzigen Mal den Mysterienkreis betreten, um sich von den noch ganz vom Geist und Beten erfüllten Tänzern segnen oder heilen zu lassen. Je nach Anzahl der Heilungsuchenden und der Tänzer kann diese Runde bis zu einer Stunde oder länger dauern und sie ist ein tief emotionales Erlebnis.

Zunächst einmal hatte ich allerdings gewisse Schwierigkeiten mit der Vorstellung, jemanden zu heilen oder gar zu »segnen«. Ein Priester hat diese

Berechtigung, dachte ich, doch schließlich war ich kein Priester und ich hatte das Gefühl, eigentlich weder jemanden heilen noch segnen zu dürfen. Doch als ich die vielen Menschen sah, die in langen Reihen vor dem Baum standen, die meisten mit geschlossenen Augen und hingebungsvoll der Dinge harrend, die passieren würden, wurde mir das Vertrauen der Menschen in die geistige Kraft der Sonnentänzer bewusst. Ich spürte, dass ich die Segnung oder Heilung nicht als Peter Schliessmann geben würde, sondern nur als Werkzeug, als Mittler dienen würde zwischen einer starken, positiven Energie, die sich während des Sonnentanzes manifestiert hat, und diesen Menschen, die sich von uns Heilung, Trost oder einen Segen erhofften. Durch unsere Adlerfederfächer oder Pfeifen, mit denen wir die Anwesenden berührten, leiteten wir diese Kraft an sie weiter. Viele von ihnen weinten, wenn sie von uns berührt wurden oder unsere leise betenden Stimmen hörten.

Glücklicherweise war ich nicht der erste Tänzer, der durch die Reihen ging, denn der Kampf in meinem Inneren war noch nicht ganz überstanden; ich fühlte mich immer noch nicht wirklich berechtigt, Heilungen oder Segnungen vorzunehmen. Es war ein Ringen zwischen mir als Peter Schliessmann und mir als Sonnentänzer. Doch als ich sah, wie die Menschen so total emotional reagierten, löste dieser Anblick in mir schließlich auch starke Gefühle aus und führte dazu, dass nicht die Logik, sprich der Verstand von Peter Schliessmann, die Führung übernahm, sondern der Sonnentänzer in mir, da ich aufgrund der Reaktionen der Gemeinschaft erkannte, dass diese Heilungsrunde nicht nur erwartet wurde, sondern offensichtlich auch das Richtige war.

Mit jedem einzelnen Menschen, der mir dann gegenüberstand, fühlte ich eine Verbindung, auch wenn ich ihn gar nicht kannte. Je mehr ich mich auf die Betreffenden einließ – und ihr Vertrauen war zunächst wesentlich größer als mein eigenes –, desto mehr war ich bereit und in der Lage, wirklich etwas zu geben; ein Gefühl, das ich in dieser Form und auch sonst so gut wie nie empfunden habe.

Bei meinem zweiten Sonnentanz verhielt es sich genauso. Dieses Mal verspürte ich sogar eine freudige Erwartung auf diesen Moment und ich habe das Ganze wesentlich bewusster wahrgenommen und versucht, mich ganz bewusst auf die jeweilige Person zu konzentrieren, die mir gegenüberstand, und nicht einfach nur generell etwas zu geben. Beim ersten Sonnentanz hatte ich die Menschen als Einzelwesen gar nicht richtig wahrgenommen, sondern nur das Geben, wobei sich lediglich ständig die Gesichter änderten. Beim zweiten Mal habe ich dann jedes Mal deutlich gesehen, welche Gefühle, welchen Schmerz ein Mensch erlebte. Es war mir möglich, auf die unterschiedlichen Emotionen der Einzelnen einzugehen und entsprechend zu reagieren, also etwas Gezieltes für den Betreffenden zu tun und nicht nur allgemein, so gut es mir möglich war, liebevolle Energie zu vermitteln.

Nachdem der Sonnentanz vorbei war, habe ich mich innerlich mindestens zehn Tage lang nonstop mit den Ereignissen dieser vier Tage beschäftigt, nicht zuletzt wegen der langsam verheilenden Narben auf meiner Brust, wo mir die Haut durchstochen worden war und die nach wie vor zuweilen schmerzten. Wie eine Urkunde fühlte sich das an, verliehen nach bestandener Prüfung, die mich immer wieder an das Geschehen erinnerte. Diese Wundstellen wurden noch während des Tanzens von den Helfern mit einem Pilzpulver behandelt; das ist zwar ausreichend zum Desinfizieren, doch da die Haut nicht genäht wurde, wie es sonst üblich gewesen wäre, dauerte es natürlich länger, bis die Einschnitte vollständig verheilt waren. Ich hatte ja dreimal gepierct und die Stellen lagen ziemlich nah beieinander, also war die Wunde relativ groß und das dauert dann schon eine Weile, bis alles vernarbt ist. Dreimal deshalb, weil ich am vierten Tag nicht mehr gepierct habe – zum einen, weil ich so erschöpft war, und zum anderen, weil am letzten Tag viele Männer aus der Gemeinschaft in den Kreis kamen, um sich spontan die Haut durchstechen zu lassen. Das hat mir irgendwie die Motivation genommen und mich irritiert, sodass ich nicht noch einmal piercen wollte. Die Zeit schien knapp zu werden, wegen der doppelt so vielen Männer, die sich nur für einen Tag des Tanzes und ein einmaliges Piercing verpflichtet hatten, und ich zog es daher vor, mich sozusagen im Hintergrund zu halten.

Die »normale« Welt hatte mich dann beinahe ohne Übergang schnell wieder.

Bereits zwei Tage nach Beendigung des Sonnentanzes hatte ich einen wichtigen geschäftlichen Termin in Alabama, zirka dreitausend Meilen entfernt. Also hieß es, das Zelt abbauen, alle Sonnentanz-Utensilien für den langen Rückflug gut verpacken, zum nächsten Flughafen, dann ins Mietauto und zu meinem Termin. Das war schon ein harter Dimensionswechsel. Ich war noch komplett durch den Wind und konnte mich in meinem beinahe verklärten Zustand kaum auf die Besprechungsthemen konzentrieren, was sich allerdings überraschenderweise nicht als Nachteil für die Verhandlungen erwies. Ich war extrem locker und entspannt. Die ganze Weltproblematik, alles Geschäftliche und Finanzielle, hatte für mich viel an Bedeutung verloren – ein Gefühl, das interessanterweise erst dann wieder verschwand, als nach zirka zehn Tagen die Wundheilung abgeschlossen war. Ich musste mich dann allerdings doch noch in ärztliche Behandlung begeben, nicht wegen der Wunden auf meiner Brust, sondern wegen des tiefen Sonnenbrandes auf Rücken und Schultern. Mehrere Hautschichten waren so verbrannt, dass Nerven abgestorben waren, und das hat mir dann noch eine Weile unangenehm zu schaffen gemacht.

Heute ist alles verheilt, neue Haut hat sich gebildet und ich habe auch nie einen Moment daran gezweifelt, dass ich beim nächsten Sonnentanz wieder dabei sein würde. Wobei ich mir allerdings beim zweiten

Mal vom ersten Tag an die rote Erdfarbe als Schutz vor Sonnenbrand habe auftragen lassen, um zu verhindern, dass die starken Strahlen der Sonne die Haut wirklich berühren können. Wieso ich das nicht schon bei meinem ersten Sonnentanz getan hatte, kann ich bis heute nicht sagen; ich dachte wohl, ich halte das schon aus. Durch Erfahrung wird man eben klug …

Was die Veränderungen betrifft, die ich nach dem ersten Sonnentanz in meinem Leben und in meiner Arbeit gespürt habe, so sind die Durchführung von Schwitzhütten-Zeremonien zu erwähnen sowie meine Arbeit mit Jugendlichen in Form von eintägigen *Vision Quests* – Dinge, die vorher für mich undenkbar gewesen wären.

Ich habe festgestellt, dass ein gesteigertes Verständnis für die Natur und rituelle Erfahrungen – wenn auch in noch so kleinem Rahmen – eine tief greifende und heilende Wirkung vor allem auf junge Menschen haben, die ansonsten als verhaltensgestört gelten oder sogar in Heimen gehalten werden. Viele dieser jungen Menschen, besonders Männer, sind nahezu vollkommen verschlossen, lassen sich aber von solchen Erlebnissen spürbar beeindrucken und verhalten sich, zumindest vorübergehend, völlig anders, offen und interessiert. Mittlerweile biete ich die Möglichkeit zu solchen Erfahrungen regelmäßig an und habe die Initiative »Weltenwanderer« gegründet.

Außerdem beschäftige mich sehr intensiv mit alten Kulturen, wobei ich es als meine Aufgabe ansehe, die

Weisheit dieser alten Traditionen, die immer mehr verschwinden, auf eine Weise mit der modernen Hightechwelt zu verbinden, dass sie eine Symbiose eingehen. Es wäre eine Katastrophe, wenn alle alten Weisheiten und Kulturen verschwinden und nur noch die Welt des Hightech übrig bliebe.

Es ist mir ein echtes Anliegen, alles zu tun, was in meiner Macht liegt, um Interessierten die Welt der Rituale und vor allem die Zeremonien der Indianer Nordamerikas näher zu bringen.

Was meinen Sohn betrifft, für den ich ja nicht zuletzt auch getanzt habe, so muss ich sagen, dass ich schon immer ein besonderes Verhältnis zu ihm hatte. Nicht nur, weil er so ungeplant und überraschend in mein Leben gekommen war, sondern auch deshalb, weil er mir in seinem Wesen und Aussehen so ähnlich ist, dass ich schon oft den erstaunten Ausruf gehört habe: »Man könnte ja glauben, dein Zwillingsbruder ist zurückgekommen!« Der Sonnentanz hat da insofern eine Veränderung gebracht, als mir in meinem Inneren die Wichtigkeit und Bereitschaft klar geworden ist, viel mehr für andere da zu sein. Und das bezieht sich natürlich auch auf meinen Sohn, dem ich heute wesentlich mehr Aufmerksamkeit, Zuwendung und Zeit widme als früher.

Im Moment entwickelt sich bei mir, nicht zuletzt aufgrund der Erfahrung der Heilungsrunde beim Sonnentanz, ein verstärktes Bewusstsein dafür, anderen Menschen etwas geben oder vermitteln zu wollen. Hierbei handelt es sich nicht um einen abgeschlossenen oder zeitlich begrenzten Prozess, es gibt da auch noch keine eindeutigen und klaren Richtungen, doch bin ich mir sicher, dass ich ohne *Vision Quest*, Sonnentanz und die damit verbundene Arbeit an mir selbst wohl nie an diesen Punkt gekommen wäre. Nach meinem ersten Sonnentanz bin ich einer Freimaurerloge beigetreten, die sich ja auch sehr stark mit der geistigen Arbeit am und für den Menschen beschäftigt, um auch innerhalb der europäischen Kultur eine Ausdrucksform für das zu finden, was ich bei den Indianern gelernt habe. Dass diese Entwicklungen auf meine Erfahrungen während der beiden Sonnentänze zurückzuführen sind, steht für mich außer Frage.

Resümee nach meinem ersten Sonnentanz:

Noch heute spüre ich die ungeheure Erleichterung, den Sonnentanz bestanden zu haben, diese ersten vier Tage und vier Nächte ohne Nahrung und beinahe ohne Wasser. Ich fühlte mich ungewöhnlich leicht und stark, trotz des Bewusstseins, meine eigentlichen Grenzen nicht überschritten zu haben. Das heißt also ganz klar, dass ich mich bei meinem ersten Tanz noch jenseits dessen befand, was der Sonnentanz eigentlich bedeutet. Das Aufgehen, das Auflösen in der Gemeinschaft hatte noch nicht stattgefunden. Dennoch empfand ich starke euphorische Gefühle und erlebte ein direktes Feedback in Bezug auf die eigene Stärke.

Resümee nach meinem zweiten Sonnentanz:

Vor allem wurde mir klar, dass ich auch nach dem zweiten Sonnentanz eigentlich noch immer nicht verstanden hatte, worum es bei der ganzen Sache wirklich geht. Ich beschloss, erst einmal ein Jahr Pause einzulegen.

Was beim zweiten Mal grundsätzlich anders war: Am *Tree Day*, dem letzten Tag vor dem Sonnentanz, gab es Probleme mit dem ausgesuchten Baum, den wir ritualgerecht aus dem Dickicht schlagen mussten. Es handelte sich dabei um einen sehr mächtigen Baum, was dazu führte, dass wir ihn mit ziemlicher Verzögerung, nämlich erst ein paar Minuten vor Mitternacht, in den Mysterienkreis brachten und dort in der Erde verankerten.

Das bewegendste emotionale Ritual ist und bleibt für mich persönlich die Schwitzhütte; dieses Forum, in dem alles möglich ist, was ansonsten unmöglich erscheint, hat eine ganz eigene Dichte des Erlebens. Mittlerweile haben wir Schwitzhütten-Zeremonien auch schon sehr oft im Managementbereich durchgeführt, zum Teil mit unglaublichen Ergebnissen. Vielleicht gerade weil die Zeremonie so einfach ist, so erdnah stattfinden kann und sich nur auf den Menschen im Kreis der Natur konzentriert, glaube ich, dass solche Art Rituale oder Erfahrungen dazu führen können, dass wir uns mehr auf uns selbst besinnen und hoffentlich die von uns eingeschlagenen Richtung überdenken oder verändern, wenn es angebracht erscheint. Der Sonnentanz ist die Synthese zwischen dem menschlichen Geist, dem menschlichen Körper und den physischen und geistigen Kräften der Natur.

Was ist zu tun, wenn man Interesse an einem Sonnentanz hat?

Ein guter Anfang besteht darin, zunächst einmal Literatur über indianische Kultur und Tradition zu lesen. Es gibt da ja einige gute Beispiele, zum Thema Sonnentanz vor allem das in erster Ausgabe 1976 in den USA erschienene klassische Werk »Sundance« von Thomas Mails, das 1999 in deutscher Übersetzung beim Arun-Verlag erschienen ist.

Sollte nach dem Lesen dieser Bücher ein Interesse geweckt sein, kann man mit einem der von Deutschen gegründeten indianischen Stämme in Deutschland Kontakt aufnehmen: den Bären, den Adlern, den Elchen oder den Bibern. Dann können Sie versuchen, an den Schwitzhütten-Zeremonien der jeweiligen Gruppen teilzunehmen, die jedermann zugänglich sind. Wenn Sie das Bedürfnis verspüren, können Sie nach ein paar Schwitzhütten-Erfahrungen dann versuchen, jemanden zu finden, unter dessen erfahrener Anleitung Sie eine Visionssuche unternehmen können. Nach der bestandenen Visionssuche sollten Sie, wenn es Ihnen möglich ist, zunächst einmal als Zuschauer am Sonnentanz teilnehmen und sich aktiv an der Gemeinschaft beteiligen, zum Beispiel als Feuermann oder Feuerfrau, die für das Feuer zum Erhitzen der Steine für die Schwitzhütte zuständig sind, und erst danach die eigentliche Teilnahme am Sonnentanz angehen. Das ist zwar für Europäer sehr zeit- und auch kostenintensiv, da diese Tänze ja alle in den USA stattfinden, doch gleichzeitig eine wunderbare Möglichkeit, sich der uralten Tradition und natürlich der Begegnung mit dem eigenen Ich zu nähern. Den Sonnentanz kann man als eine Art Eigentherapie betrachten. Die vierjährige Verpflichtung, die normalerweise verlangt wird, sorgt dafür, dass wirklich ein Prozess angeregt wird, der die Wesensveränderung in einem verträglichen Maße für den Betreffenden und für seine Umwelt – zum Beispiel seine Familie – garantiert. Eine kurzfristige und schnelle Umsetzung hätte mit Sicherheit eher fatale Folgen.

Jim Martin

Heilpraktiker, Oregon, USA

Meine Freundschaft mit der Chips-Familie besteht schon seit den späten Siebzigerjahren, als sie zum ersten Mal nach Massachusetts kamen, wo ich damals lebte, nachdem ich viele Jahre vor allem durch Asien gereist war. Mein Freund Andy hatte Charles und Godfrey Chips und ihre Familie eingeladen. Sie brauchten einen Platz zum Wohnen, also boten wir ihnen unser Haus an. Wir hatten ausreichend Raum, außerdem eine Schwitzhütte im Garten und ziemlich viel Land, genug, um die Chips eine Weile aufnehmen zu können.

Sie blieben damals eine Woche.

Im Laufe der Jahre besuchte ich Godfrey und seine Familie des Öfteren im Pine-Ridge-Reservat in South Dakota, während er oder Verwandte von ihm hin und wieder geplant oder überraschend nach Massachusetts kamen, um zu lehren sowie *Yuwipi*- und *Five-Stick*-Zeremonien für die Leute in der Gegend von Boston durchzuführen. Auf diese Weise blieben wir jahrelang locker in Kontakt.

Im Winter 1996 nahm ich in Seattle, Washington, an einer Schwitzhütten-Zeremonie mit meinem Freund Ron und Godfrey teil. Seit langem schon hatte ich mich mit dem Gedanken beschäftigt, eventuell am Sonnentanz teilzunehmen, nicht zuletzt weil Andy und Ron und ein paar andere meiner Freunde schon getanzt hatten. Ich sprach mit Godfrey nach dem *Inipi* darüber und erklärte ihm, dass ich bisher nie wirklich das Gefühl gehabt hatte, dass der richtige Zeitpunkt für mich bereits gekommen war. Ich hatte es so verstanden, dass man einen ganz besonderen Grund braucht, um zu tanzen, und dass der Sonnentanz etwas war, an dem man nicht leichten Herzens oder oberflächlich teilnahm. Ich glaubte, dass meine damaligen Lebensumstände nicht von der Art waren, dass sie meine Teilnahme erforderten; ich wartete einfach auf die »richtige« Gelegenheit, sollte sie sich irgendwann ergeben.

Nach der Schwitzhütte an jenem Nachmittag in Seattle sprach Godfrey mich auf meine Teilnahme am Tanz an und schlug vor, dass ich im gleichen Jahr tanzen sollte. Ich entgegnete, dass ich noch immer keinen wirklichen Grund dazu hatte. Woraufhin Godfrey mir ohne Umschweife sagte: »Jim, du hast einen Grund!« Wir kamen überein, dass ich ihn beim Sonnentanz im Juli in Oregon sehen würde.

Ein paar Tage nach diesem denkwürdigen kurzen Gespräch erfuhr ich durch einen Anruf meines Vaters, dass meine Mutter im Krankenhaus lag. Sie hatte am Tag vorher ohne erkennbaren Grund rasendes Herzklopfen bekommen, Atemnot und alle möglichen bedenklichen Symptome. Es wurden mit hoher Wahrscheinlichkeit ein Herzinfarkt und ein Schlaganfall diagnostiziert, doch ganz genau wusste niemand, was passiert war. Während der folgenden Wochen und Monate unterzogen die Ärzte meine Mutter allen möglichen Tests, Untersuchungen, Analysen und probierten verschiedene Medikamente aus. Sie lag eine Zeit lang im Krankenhaus und zog dann in ein Altersheim mit ärztlicher Betreuung um.

Sobald ich von der Krankheit meiner Mutter erfuhr, war mir klar, dass ich jetzt tatsächlich einen Grund hatte, in diesem Sommer zu tanzen. Meine Mutter war aus unerfindlichen Gründen schwer erkrankt und ich erkannte schnell, dass die Ärzte keine Ahnung hatten, was eigentlich mit ihr los war. Sie konnten keine eindeutige Diagnose stellen; jede Woche probierten sie eine neue Behandlungsmethode aus und alles ohne Erfolg. Daher entschied ich, dass die Erkrankung meiner Mutter auf jeden Fall ein wichtiger Anlass für mich war, zum ersten Mal an einem Sonnentanz teilzunehmen. Ich ließ Godfrey von meiner Entscheidung wissen und verpflichtete mich für vier Jahre.

Im Sommer 1996 tanzte ich zum ersten Mal in Ashland, Oregon.

Um vorher nähere Einzelheiten über den Sonnentanz zu erfahren und über alles, was damit zusammenhängt, fragte ich Freunde, die schon einmal getanzt hatten, nach ihren Erlebnissen. Ich wollte wissen, was sie dabei empfunden hatten, was für sie der Grund gewesen war zu tanzen und was der Sonnentanz überhaupt für sie bedeutete.

Ich erhielt die unterschiedlichsten Antworten, so verschieden wie die Menschen, die ich befragte. Ich versuchte eine Art zentrale oder generelle Basis zu finden, die allen Sonnentänzern gemeinsam war. Doch mir wurde schnell klar, dass es sich dabei offensichtlich jedes Mal um sehr individuelle Erfahrungen handelte. Jeder Tänzer nahm aus einem ganz persönlichen Grund am Sonnentanz teil und gewann ganz persönliche Einsichten daraus.

Ich erinnere mich vor allem an einen Mann, der erzählte, dass er das ganze Jahr über hart arbeitete und in seiner Freizeit ein wildes Leben führte, gerne trank und über die Stränge schlug und dass der Sonnentanz für ihn die einzige Gelegenheit war, etwas zu tun, das heilender Natur war und auch anderen Menschen zugute kam. Er ging zum Sonnentanz und tanzte sich die Seele aus dem Leib, denn dies waren die einzigen vier Tage im Jahr, an denen er sich ausschließlich auf seine guten Seiten und guten Taten besann, was dann für die restlichen dreihunderteinundsechzig Tage ausreichen musste. Der Grund, den dieser Mann für den Tanz hatte, ist mir besonders im Gedächtnis geblieben, da ich erkannte, dass meine Umstände sich von den seinen grundlegend unterschieden.

Ich arbeitete damals (und auch heute noch) im alternativmedizinischen Bereich und bin daher zweiundfünfzig Wochen im Jahr damit beschäftigt, anderen Menschen zu helfen, ihre physische, geistige und spirituelle Gesundheit zu erhalten oder zu verbessern. Das ist zurzeit meine Aufgabe und Arbeit in diesem Leben. Im Gegensatz zu jenem Mann verspürte ich daher nicht das dringende Bedürfnis, mir um jeden Preis die Seele aus dem Leib zu tanzen, um damit einen Ausgleich zu schaffen für irgendwelche wilden Exzesse, zu denen ich mich im restlichen Jahr hinreißen ließ.

Im Laufe der Zeit bis hin zum Sonnentanz in jenem ersten Sommer wurden mir viele Dinge, die mit dem Sonnentanz zu tun haben, immer klarer. Zum Beispiel wusste ich zunächst nicht, was ich hinsichtlich des *Give-away* unternehmen sollte. Weder wusste ich, was ich den einzelnen Personen geben sollte, noch, wie viele Leute überhaupt anwesend sein würden und ob alle ein Geschenk von mir erwarteten. Meistens erhielt ich auf meine diesbezüglichen Fragen die Antwort: »Bete einfach um Klarheit, schau, was dein Herz sagt, was sich angemessen anfühlt. Es gibt keine Regeln, nirgendwo steht geschrieben, wer was bekommen sollte.« Das leuchtete mir ein, denn schließlich wusste ich ja nicht, wer überhaupt da sein würde. Wirklich klar wurde mir diese Tatsache dann nach meinem ersten Tanz, als ich Dutzende von Menschen sah und nicht die geringste Ahnung hatte, wer sie waren, und es übrigens bis heute nicht weiß. Es wäre mir völlig unmöglich gewesen, für jeden ein passendes Geschenk zu besorgen.

Ich begriff bald, dass es sich beim Sonnentanz um eine sehr persönliche Angelegenheit handelt. Darüber hinaus lernte ich, dass ich mit niemandem konkurrieren musste, dass niemand mein Rivale war, an dem ich mich messen musste.

Zum Beispiel habe ich bis heute an vier Sonnentänzen teilgenommen und nicht ein einziges Mal die *Buffalo Skulls* gezogen. Ich hatte einfach nie das Gefühl, dass es sich dabei um etwas handelte, das ich unbedingt tun musste oder tun wollte. Doch hatte ich ständig mit dem Gedanken daran zu kämpfen, da einige meiner Freunde jedes Mal die Büffelschädel zogen und ich daher glaubte, es auch tun zu müssen.

Im Laufe der Jahre begriff ich jedoch immer mehr, dass es sich bei meiner Teilnahme am Sonnentanz um *meinen* Tanz handelte und dass ich die Dinge tun kann, die mir wichtig sind, und die lassen kann, die mir nicht entsprechen. Natürlich tanze ich genauso wie die anderen Tänzer für das Volk und für meine Familie, doch gibt es keinen Grund, sich darüber Sorgen zu machen, was die anderen in ihrem Tanz tun. Ihr Tanz ist ihr Tanz, und mein Tanz ist mein Tanz, auch wenn wir alle gemeinsam im heiligen Rund des Sonnentanzes unser Opfer bringen. Ich muss tun, was ich als für mich richtig und angemessen empfinde, was mir ein Gefühl der Selbstbestimmung gibt, das ich mittlerweile sehr genieße.

Heute, nach vier Jahren Sonnentanz, verstehe ich, dass diese Zeremonie in gewisser Hinsicht eine Gelegenheit ist, ein Opfer zu bringen für das Wohl anderer. In diesem Zusammenhang fallen mir die Worte der stigmatisierten Nonne, Schwester Susan Curavilla, ein, die in Kerala, Indien, einen Ashram leitet. Als ich sie Mitte der Siebzigerjahre besuchte, hatte ich sie gefragt: »Was ist Gott?« Worauf sie erwiderte: »Gott ist Liebe, und Liebe bedeutet Opfer.«

Seither habe ich oft über die Bedeutung dieser Beziehung zwischen Gott dem Allmächtigen, *Wakan Tanka* oder dem Tao in seinen vielen Erscheinungsformen einerseits und dem Opfer andererseits, das wir individuell zu geben bereit sind, nachgedacht – ob es sich dabei nun um die Anfertigung von *Prayer Ties* handelt, um die Teilnahme am Sonnentanz und an anderen Zeremonien oder um unsere Bemühungen, Geld für einen guten Zweck zu sammeln.

Für mich persönlich hat der Sonnentanz in erster Linie mit Beten zu tun. Lange Zeit hatte ich nie das Gefühl, wirklich gut genug oder intensiv genug zu beten, was dazu führte, dass ich auch in dieser Hinsicht lernen musste, mich nicht mit anderen Tänzern zu vergleichen. Dennoch glaubte ich immer, meine Gebete seien nicht hingebungsvoll genug oder ich würde meine Augen nicht konzentriert genug auf den Baum halten, nicht hingebungsvoll genug in der brennenden Hitze tanzen und Ähnliches mehr. Diese Gedanken gingen mir während der ersten Sonnentänze ständig durch den Kopf.

Doch irgendwann begriff ich, dass mein *Tanz* meine Form des Gebets war. Ich begann mich mit dieser Tatsache anzufreunden und mit dem zufrieden zu sein, was ich innerhalb der Grenzen meiner Kraft, meines Willens und meiner Ausdauer tun konnte, wobei ich immer versuchte, mich ganz auf meine Gebete zu konzentrierten. Und wenn mir niemand mehr einfiel, für den ich beten konnte, versuchte ich mich auf den Baum als ein Symbol für Beten im Allgemeinen zu konzentrieren oder einfach die Gebete der anderen wahrzunehmen. Manchmal passierte es jedoch, dass mein Kopf nicht mehr klar war und ich des Betens so müde wurde, dass mir beim besten Willen einfach nichts mehr einfiel. Dann konzentrierte ich mich auf den Klang der Trommel, erlebte sie als Form des Gebets und fühlte sie durch meinen Körper dröhnen.

Wie gesagt, für mich geht es beim Sonnentanz in erster Linie um Beten, darum, ein Opfer zu bringen. Es gibt jedoch noch einen anderen Aspekt beim Sonnentanz, der für mich von besonderer Bedeutung ist: das gemeinsame Erlebnis mit den anderen Tänzern und Tänzerinnen. Wobei man als Mann mit den weiblichen Teilnehmerinnen natürlich nicht den gleichen Kontakt hat wie mit den männlichen, mit denen man jede Minute dieser vier intensiven Tage des Sonnentanzes verbringt. Ich liebe und respektiere die Frauen für das, was sie beim Sonnentanz tun, doch kann ich nicht behaupten, dass ich mit ihnen die gleiche Art intimer Erfahrung habe wie mit den anderen männlichen Tänzern. Ich empfinde absolute Hochachtung für das, was die Männer zu ertragen bereit sind. Ich glaube, dass die Teilnahme am Sonnentanz ein großes Opfer darstellt, ein ungeheures Geschenk, und ich habe einfach den größten Respekt für sie alle.

Aus diesem Grund hat der Tanz für mich auch viel mit dieser Kameradschaft und Brüderschaft zu tun, damit, gemeinsame Erfahrungen zu teilen, und mit der vereinenden Kraft unserer Gebete, mit dem Opfer, das wir für unsere Familien, Freunde und unser Volk bringen.

Aufgrund meiner Lebensphilosophie und wie ich das Universum und das Leben im Allgemeinen betrachte, hat der Sonnentanz für mich auch einen kosmischen Aspekt. Und zwar im Hinblick auf die Macht des Gebets und darauf, welche Wirkung es auf andere Menschen an anderen Orten und in anderen Situationen haben kann. Daher geht es für mich beim Sonnentanz nicht nur um das individuelle Gebet und die Möglichkeit, sich vier Tage lang völlig auf das Beten zu konzentrieren, sondern auch darum, wie sich dieses Beten auf die Welt auswirkt, dass es segensreich sein kann für andere Menschen. Ein Teil meiner Gebete bezieht sich immer auf potenzielle Tänzer, die vielleicht noch gar nichts vom Sonnentanz wissen, und auf eine weitere Verbreitung der Sonnentänze, damit mehr Menschen die Möglichkeit haben, daran teilzunehmen, tief davon berührt zu sein und von der Energie und Kraft des Sonnentanzes zu profitieren.

Und was war das »Ergebnis« meines ersten Sonnentanzes? Meiner Mutter geht es heute gut, sie ist wieder ganz gesund. Jedes Mal, wenn uns meine Eltern nach jenem Sommer besuchen kamen, hatte es den Anschein, dass es meiner Mutter besser ging, und heute gibt es nicht das geringste Anzeichen mehr dafür, dass überhaupt jemals irgendetwas mit ihrer Gesundheit nicht stimmte. Obwohl die Ärzte damals meinten, dass wir meine Mutter in ein Altersheim geben müssten, wo sie medizinisch versorgt würde und man versuchen könnte, sie mit Medikamenten zu stabilisieren – was im Grunde genommen geheißen hätte, dass sie den Rest ihres Lebens dort verbringen würde –, habe ich diese Prognose nie akzeptiert. Und darum habe ich in jenem ersten Jahr vor allem für die Heilung meiner Mutter getanzt.

Es gab allerdings auch noch einen anderen Grund, der mir zu jenem Zeitpunkt jedoch noch nicht klar war. Ein männlicher Verwandter hatte zu der Zeit ein großes Alkoholproblem, was dazu führte, dass er gewalttätig wurde und seine Familie darunter zu leiden hatte. Später fand ich heraus, dass er ziemlich genau zur Zeit meines ersten Sonnentanzes beschloss, mit dem Trinken aufzuhören. Und bis heute – fünf Jahre später – hat er keinen Alkohol mehr angerührt. Ich bin sicher, dass sein Entzug zumindest teilweise auf die Macht der Gebete beim Sonnentanz zurückzuführen ist.

Ein anderer Aspekt meiner fortgesetzten Teilnahme an dieser tief greifenden Zeremonie ist der, dass ich mich persönlich und innerlich seit dem ersten Mal wie verwandelt fühle. Ich werde einfach nie mehr der sein, der ich vor meinem ersten Sonnentanz war. Als Sonnentänzer versuche ich zu verhindern, dass mein Ego zu stark wird und zum Beispiel denkt: »Wow, da habe ich mitgemacht, was sind wir Tänzer doch für tolle Menschen!« oder Ähnliches. Die anderen Tänzer zu erleben und zu sehen, wie viel mehr sie sich zumuten, als ich es jemals könnte, indem sie nämlich jedes Jahr aufs Neue tanzen, sich piercen lassen und die damit verbundenen Schmerzen auf sich nehmen, manchmal bei Temperaturen, die schon im Schatten schwer erträglich sind, macht mir bewusst, wie relativ gering meine Anstrengungen sind im Vergleich zu ihren. Diese Erkenntnis hilft mir, mein Ego in Schach zu halten. Doch es ist immer eine wundervolle Erfahrung, nach dem Tanz mit den anderen Männern und Frauen zusammenzusitzen und über das Erlebte zu reden oder gemeinsam in die Schwitzhütte zu gehen und Ähnliches. Ich empfinde es einfach als ein großes Privileg, dieser Gemeinschaft von Männern und Frauen anzugehören, die am Sonnentanz teilgenommen haben.

Ein weiterer nicht zu unterschätzender Aspekt des Sonnentanzes ist seine Verwurzelung in der Tradition der Indianer. Die Verbundenheit, die man mit den anderen Tänzern spürt, ist stärker als die mit jemandem, mit dem man zum Beispiel gemeinsam die Schule besucht hat. Und das liegt sicher zum großen Teil auch an dem Verständnis, Teil einer jahrhundertealten Tradition geworden zu sein. Diese Tatsache macht den Sonnentanz zu einer besonders intensiven Erfahrung für mich.

Ich bin sehr stolz und dankbar, mit allen diesen Menschen am Sonnentanz teilnehmen zu können. Für mich ist er einfach wunderbar und eine der zutiefst berührenden, intensivsten Erfahrungen, die ich in meinem bisherigen Leben gemacht habe. Wenn nicht sogar die intensivste, vielleicht mit Ausnahme des Erlebnisses der Geburt meiner Tochter. Bei näherer Betrachtung muss ich jedoch sagen, dass der Sonnentanz und die damit verbundenen Aspekte – die anderen Tänzer, das Gefühl der Verbundenheit mit ihnen, die große Hitze, die nicht zu vermeidenden Qualen, das unaufhörliche Beten, die täglichen Schwitzhütten-Zeremonien und was sonst noch dazugehört – das Erlebnis der Geburt meiner Tochter an Intensität noch übertraf. Die Geburt war ohne Frage ein wunderbares Erlebnis, doch die vielen facettenreichen Aspekte des Tanzes sind einfach absolut einzigartig und haben eine machtvolle Wirkung.

Darüber hinaus hat der Sonnentanz für mich persönlich viel damit zu tun, mich meinen verschiedenen Ängsten zu stellen und sie loszulassen. Es gab viele Dinge im Zusammenhang mit dem Sonnentanz, die mir vor meiner ersten Teilnahme an der Zeremonie große Sorgen bereiteten. Wie zum Beispiel die Angst davor, in der feuchten Hitze der Schwitzhütte verbrüht zu werden oder während des Tanzes vor den Augen der anderen eine schlechte Figur abzugeben und eine Schande für die weiße Rasse zu sein oder dass es mir beim Tanzen unter der brennenden Sonne vor Trockenheit die Kehle zuschnürt und ich keine Luft mehr bekomme. Ich war schon mehr als einmal in meinem Leben in Situationen gewesen, in denen ich das panische Gefühl hatte, dass mein Hals immer enger wurde und ich ersticken würde. Und dazu kam die Angst, mein Gelübde nicht erfüllen zu können, mich lächerlich zu machen oder zu stolpern und hinzufallen, während des Tanzes vor Schwäche das Bewusstsein zu verlieren, mittendrin aufzugeben oder was sonst noch Schreckliches passieren könnte.

Als ich dann schließlich zum ersten Mal tanzte, stellte ich fest, dass nichts so schlimm war, wie ich es mir in den schwärzesten Momenten vorgestellt hatte. Ich empfand es als eine große Erleichterung, den ersten Sonnentanz bis zum Ende absolviert zu haben. Und in jedem weiteren Jahr wird diese Angst ein bisschen weniger, da man auf die Erfahrung vom Vorjahr zurückblicken kann in dem Wissen, dass man den Tanz überleben wird und dass man alle diese Dinge, vor denen man sich fürchtet, überstehen kann. Dennoch ist der Sonnentanz immer eine Angelegenheit, die unsere ganze Kraft erfordert, uns an unsere Grenzen führen kann und manchmal auch darüber hinaus.

Für mich persönlich gab es bei jedem Tanz Momente, die besonders schwierig waren, und jedes Mal waren sie anderer Natur. Letztes Jahr zum Beispiel musste ich mich kurz vor dem Sonnentanz einer doppelseitigen Knieoperation unterziehen, was dazu führte, dass ich schwächer war als in den vorhergehenden Jahren. Doch allein die Tatsache, die verschiedenen Aspekte der Angst zu verarbeiten und loszulassen, war eine außerordentliche Wachstumserfahrung für mich. Ich habe die Tendenz, immer zu glauben, dass ich der Einzige da draußen bin, der sich um dieses oder jenes Sorgen macht. Doch wann immer ich mit einigen der anderen Tänzer über diese Dinge sprach, stellte ich fest, dass es ihnen nicht viel anders ging. Wobei es mich nicht überraschen würde, wenn einige dieser absolut furchtlosen, wilden Männer unter den Tänzern nicht die geringste Angst verspüren würden: Männer, die zum Beispiel in Vietnam waren und abgeschossen oder verwundet wurden. Ich könnte mir vorstellen, dass die Anstrengungen und Strapazen des Sonnentanzes für sie sicher überhaupt nichts bedeuteten oder zumindest leicht erträglich waren. Doch für mich und bei meinem persönlichen Hintergrund ist der Tanz jedes Mal eine extreme Herausforderung, die mich an meine Grenzen führt, indem ich mich meinen Ängsten stelle, und als Erfahrung überhaupt.

Und noch etwas möchte ich erwähnen, da sich bestimmt der eine oder andere Interessierte diese Frage stellen wird: Ich habe nie viel gepierct. Ich hatte nie das Gefühl, dass ich mir bei jeder Tanzrunde die Haut durchstechen lassen oder es den anderen Tänzern gleichtun müsste. Auch lag mir nichts daran, eine Unmenge von Narben auf der Brust zu haben wie manche der anderen Tänzer. Wenn ich einmal piercte, empfand ich das als völlig ausreichend. Ich musste allerdings jedes Mal dafür sorgen, dass mich angesichts der vielen Piercings anderer Männer keine Gefühle der Unzulänglichkeit überkamen, weil ich nicht mehr tat, als ich tun musste, oder irgendwie nicht meinen Beitrag zum Sonnentanz erfüllte. Doch dann sprach ich mit einigen Indianern über dieses Thema, die mir sagten, dass die meisten Tänzer früher überhaupt nicht gepierct haben, sondern nur diejenigen, die in einer Vision gesehen hatten, dass sie piercen sollten. Und es waren immer nur ein paar Männer gewesen, die eine solche Vision hatten. Die anderen piercten eben gar nicht, sondern tanzten einfach nur.

Von da an hatte ich keine Bedenken mehr wegen

der Art und Weise, wie ich mit diesen Dingen umging. Und im Laufe der Zeit fiel es mir immer leichter zu erkennen, dass es mein Tanz ist, so wie es der persönliche Tanz jedes anderen Tänzers ist, und dass ich tun muss, was ich zu tun habe, und mir keine Sorge um die Meinung anderer Leute machen muss.

Wie schon erwähnt, das erste Jahr tanzte ich vor allen Dingen für meine Mutter. Den nächsten Sonnentanz widmete ich unserem ungeborenen Kind, einer Tochter, die wir Tara nannten. Ich erinnere mich, dass ich das zweite Mal dafür tanzte, dass die Geburt unseres Kindes problemlos und ein wunderbares Erlebnis sein würde, dass es gesund und als ein erleuchtetes kleines Wesen in unser Leben kommen würde. Als ich mich damals vom Baum losriss, stellte ich mir vor, wie sich mein Kind aus dem Leib seiner Mutter in die Welt losreißen würde, was ein äußerst intensives Erlebnis für mich war.

Im letzten Jahr tanzte ich aus Dank für die Geburt meiner Tochter und die Gesundheit meiner Frau Beverly sowie für ein paar andere Familienmitglieder und Freunde. Jedes Jahr war anders, jeder Sonnentanz war einmalig und besonders. Und ich empfand es als wunderbar, dass es so sein konnte, dass es jedes Jahr etwas anderes Wichtiges gab (und gibt), auf das ich mich konzentrieren und für das ich beten konnte, und dass der Sonnentanz selbst jedes Mal so eng mit Ereignissen in meinem Leben verknüpft war, die zu dem Zeitpunkt ohnehin Gegenstand meiner innigsten Gebete waren.

In den Jahren nach der Geburt meiner Tochter betete ich außerdem darum, dass meine Frau und meine Tochter während der ersten Gebetsrunde am Morgen, wenn die Sonne gerade über die Spitze des Berges im Osten emporsteigt, anwesend sein würden. Jedes Jahr sah ich die Mütter mit ihren Babys auf dem Arm und wünschte mir nichts sehnlicher, als dass auch Beverly und Tara dabei wären.

Letztes Jahr war es dann endlich so weit. Ich war so dankbar, als Beverly tatsächlich kam und am ersten Morgen mit Tara auf dem Arm in der Reihe vor mir stand, wie es bei dieser Zeremonie üblich ist.

Ich hatte nicht gewusst, ob und wann sie zum Sonnentanz kommen würde, da sie unserer Tochter die lange Reise und das unbequeme Leben im Camp nicht zumuten wollte. Also war ich alleine losgefahren. Doch dann stand ich an jenem ersten Morgen neben den anderen Tänzern in der Reihe und da sah ich meine Frau, auf dem Arm unsere Tochter. Die kleine Tara war nicht mehr als drei Meter von mir entfernt, doch mit meiner Sonnentanzkrone auf dem Kopf und der Kleidung, die ich trug, schaute sie mich zwar genau an, erkannte mich jedoch nicht. Worüber ich eigentlich froh war, denn sonst hätte sie wahrscheinlich »Daddy!« gerufen und einen ziemlichen (unpassenden) Aufruhr verursacht. Doch konnte ich sie meinerseits anschauen und sie auf dem Arm ihrer Mutter sehen, und es war ein echter Höhepunkt für mich, sie während des Tanzes sehen zu können, genau vor mir, als gerade die Sonne aufging.

Ich erkannte zu meiner großen Freude, dass mein Gebet um die Anwesenheit meiner Frau und Tochter erhört worden war …

Linda Neale

Psychotherapeutin, Oregon, USA

Ich wurde in einer Mittelklassefamilie englisch-norwegischer Herkunft geboren. Mein Vater war ein berühmter Tennisspieler und erfolgreicher Unternehmer, meine Mutter die Tochter eines Farmers in Oregon. Wie in den Fünfzigerjahren üblich, ging meine Mutter nicht arbeiten, sondern versorgte das Haus und kümmerte sich um meinen Bruder und mich. 1956 ließen sich meine Eltern jedoch scheiden und dies gab mir – wie vielen betroffenen Kindern – ein Gefühl des Verlorenseins und verwirrte mich zutiefst.

Ich begann mich in meine eigene innere Welt zurückzuziehen und träumte viel. Ein Traum, der immer wieder kam, handelte davon, dass ich eigentlich gar nicht zu meinen Eltern gehörte, sondern in Wahrheit eine indianische Prinzessin war, die der Obhut meines Vaters und meiner Mutter übergeben worden war und die eines Tages zu ihrem Stamm zurückkehren würde. Ich nehme an, dass ich damals an vergangene Leben glaubte, und ich benutzte diesen Glauben als eine Art Beweis dafür, dass ich etwas anderes war, als es den Anschein hatte. Fest steht, dass ich diese Träume hatte, und ich glaube, dass sie meine späteren Entscheidungen im Leben beeinflusst haben.

Ein anderer Hinweis auf die *Red Road*, den »roten Pfad«, den ich eines Tages beschreiten würde, war meine Großmutter. Aufgrund der Scheidung und der Tatsache, dass ich während meiner Kindheit und Jugend freiwillig viel in die Kirche ging, sprachen meine Großmutter und ich oft über Religion und den Sinn des Lebens. Sie war eine Frau mit einer sehr lebendigen Spiritualität und ihr Lieblingsausspruch lautete: »Dass Gott es fertig gebracht hat, die Hirnverbranntheiten der Religionen zu überleben, die ihm angeblich huldigen, ist ein sicherer Beweis für seine Existenz.« Mir war erlaubt, alles infrage zu stellen, und mir wurden niemals weder eine Religion noch ein Glaube aufgezwungen.

Meine Familie hatte seit jeher eine enge Beziehung zur Natur. Wir machten gemeinsame Zelttouren, wir wanderten und verbrachten viel Zeit auf dem Land. Meine Großmutter betrachtete die Welt der Natur als ihre einzig wahre Kirche. Sie war in der Wüste im Süden Oregons mit Klapperschlangen und Luchsen aufgewachsen und sowohl sie als auch mein Großvater übertrugen ihre Liebe zur Natur auf meine Mutter und mich.

Nachdem ich 1972 mein Psychologiestudium an der Stanford-Universität in Nordkalifornien abgeschlossen hatte, ging ich mit meinem damaligen Ehemann ins Navajo-Reservat nach Arizona, um dort in meinem neuen Beruf tätig zu werden. Ich hatte mich zunächst beim *Peace Corps* beworben, wurde jedoch nicht angenommen, was – wie ich annehme – auf meine Tätigkeiten in diversen Anti-Vietnam-Organisationen zurückzuführen war. Dafür erhielt ich beinahe umgehend eine Stelle als Lehrerin in einer Vorschule im Navajo-Reservat in der Nähe von Fort Defiance in Arizona. Die Schule befand sich am Ende einer unbefestigten Straße, wie sie in den Reservaten üblich sind, in dem winzigen Ort Sawmill. Mein Mann und ich waren überzeugt, dass wir uns auf ein großes Abenteuer einließen, und sahen der neuen Umgebung und Aufgabe mit Spannung entgegen. Ich hatte nie zuvor unterrichtet und sprach kein Wort Navajo. Die Hälfte der Kinder in meiner Klasse konnte kein Englisch, also lernte ich ihre Sprache.

Beim Unterricht stand mir eine alte Navajo-Lehrerin namens Lillian zur Seite, die mir half, mich in der neuen Umgebung und mit der neuen Sprache zurechtzufinden. Sie war es auch, die mir meine ersten Navajo-Lieder beibrachte. Kurz nachdem ich meine Tätigkeit als Lehrerin begonnen hatte, gab mir die Reservatsleitung ein Pferd, das auf den Namen »Star« hörte und auf dem ich das ganze Reservat erkundete.

Ich liebte dieses Land und hatte das Gefühl, endlich nach Hause gekommen zu sein. Zwar hörte ich während der zweieinhalb Jahre bei den Navajo nicht ein einziges Mal den Ausdruck »Red Road«, doch lernte ich die Wichtigkeit von Zeremonien kennen und erlebte die Macht der Geister aus erster Hand. Jedoch glaubte ich damals, dass viele Dinge der Navajo-Kosmologie nichts mit mir zu tun hätten.

1992 war ich zum ersten Mal Zeugin eines Sonnentanzes.

Eigentlich wusste ich nicht so recht, warum ich überhaupt dahin gegangen war, außer der Tatsache, dass ich Rod zur Seite stehen wollte, meinem zukünftigen Ehemann (vom Stamm der Pima-Indianer). Damals ahnte ich noch kaum, dass sich unsere Wege eines Tages verbinden würden; ich war lediglich seine »Schülerin«, obwohl er mich nie als solche bezeichnete. Ich hatte ihm Tabak überreicht zusammen mit meinem Wunsch, dass er mein Lehrer sein möge, und er hatte akzeptiert. Es ist wunderbar, einen spirituellen Lehrer zu finden – nicht jedem von uns ist dieses Privileg vergönnt. Heute weiß ich, dass ich nach etwas gesucht habe, wenn ich auch damals nicht wirklich wusste, was das sein könnte. Was ich durch die *Red Road* gefunden habe, die Rod und ich als den »natürlichen Weg« bezeichnen, ist mein wahres Wesen und eine Möglichkeit, mit der geistigen Welt in Kontakt zu treten, auf deren Wellenlänge ich mich befinde.

Als ich zum ersten Mal den Sonnentanz der »Four Nations« im Süden von Oregon erlebte, hatte ich das

Gefühl, mich in einem fremden Land, in einer anderen Zeit zu befinden, während ich mich gleichzeitig auf sonderbare Weise zu Hause fühlte. Ich hätte mir damals nie träumen lassen, dass ich zwei Jahre später selbst an einem Sonnentanz teilnehmen würde; außerdem wusste ich zu dem Zeitpunkt nicht, dass auch Nichtindianern erlaubt war zu tanzen. Der *Four-Nations-Sundance* war ein »geschlossener Kreis«, an dem ausschließlich Indianer verschiedener Nationen teilnahmen.

Bei diesem ersten Sonnentanz, den ich miterleben durfte, lernte ich vor allem zwei Dinge. Zum einen ging es darum, andere Menschen zu unterstützen, ihnen zur Seite zu stehen. Bis dahin war mir nie wirklich die Kraft von Hilfe, Unterstützung und Gebeten bewusst gewesen. Ich sehe noch immer das Bild eines männlichen Sonnentänzers vor mir, der am dritten Tag des Tanzens zusammenbrach. Heute glaube ich zu wissen, was mit ihm geschehen war, doch damals war das, was ich sah, ein Mann, der drei Tage lang ohne Nahrung und Wasser unter den brennenden Strahlen der Sonne getanzt hatte und der völlig erschöpft zusammengebrochen war. Ich fragte mich, ob Menschen während des Sonnentanzes sterben könnten, und bei diesem Gedanken wurde mir angst und bange. Die Helfer fächerten dem Mann mit ihren Adlerfederfächern Kühlung zu und schienen sich nicht weiter Sorgen um ihn zu machen.

Doch dann sah ich seine Frau, wie sie den inneren Kreis betrat und zu der Stelle ging, an der ihr Mann zusammengesunken war. Sie stellte sich hinter ihn und begann für ihn zu beten. Es dauerte nicht lange, bis ihr Mann wieder auf die Füße kam und erneut zu tanzen begann und bis zum Nachmittag des vierten Tages, dem Ende der Zeremonie, durchhielt. Damals sah ich mit meinen eigenen Augen die Macht des Mitgefühls, der Unterstützung und Hilfsbereitschaft und die Kraft des Gebets für einen anderen Menschen – eine Fähigkeit, die in unserer westlichen Kultur aufgrund unseres starken Individualismus weitgehend verloren gegangen ist. Ich habe dieses Bild nie mehr vergessen. Und obwohl ich dieses Verhalten inzwischen unzählige Male wieder erlebt habe, hat mich jene erste Erfahrung am stärksten berührt. Unterstützung und Hilfe während des Tanzes ist für die Tänzer von wesentlicher Bedeutung, genau wie sie es für alle Menschen in vielen Situationen des täglichen Lebens ist.

Die zweite wichtige Lehre, die mir während meines ersten Sonnentanz-Erlebnisses zuteil wurde, war die Botschaft, dass auch ich eines Tages tanzen würde. Das machte mir Angst, doch die Botschaft war so klar, dass sie keinen Zweifel zuließ. Als ich dieses Thema später mit Rod besprach, ermutigte er mich ausdrücklich, dieser inneren Führung zu vertrauen und ihr zu folgen. Er sagte: »Wenn du die Botschaft erhältst, solltest du darauf hören und ihr folgen.«

Ich stellte ihm daraufhin viele Fragen, doch erhielt ich nur wenige Antworten. Ich hatte nie ein Buch über den Sonnentanz gelesen, obwohl ich annehme, dass ich es getan hätte, wenn mir eins in die Hände gefallen wäre. Doch glaube ich heute, was Rod mich viele Jahre lang gelehrt hat, nämlich dass der Sonnentanz eine Erfahrung ist, die man nicht aus Büchern lernen kann. Sie, die Sie dieses Buch lesen, sollten sich bitte immer daran erinnern. Erwarten Sie nicht, dass Ihre Erfahrung, sollten Sie jemals selbst tanzen, mit meiner zu vergleichen wäre. Das würde nur zu einer Enttäuschung führen, da jeder seine völlig eigenen Erfahrungen macht.

Ich bereitete mich ein Jahr lang auf die Teilnahme an meinem ersten Sonnentanz vor. Ich nahm an vielen Schwitzhütten-Zeremonien teil, ich betete jeden Morgen, machte unzählige *Prayer Ties* und fragte mich viele Male, was um alles in der Welt ich hier eigentlich zu suchen hatte.

Meiner Familie erzählte ich nicht viel von dem, was mit mir vorging. Zum einen, weil ich wusste, dass sie kein Verständnis dafür haben würden, und zum anderen, weil ich zu jenem Zeitpunkt nicht die Worte hatte, meine Erfahrung zu beschreiben. Meine Familie und Freunde machten sich schon länger Sorgen um mich, nicht zuletzt aufgrund der Tatsache, dass meine Hinwendung zum »natürlichen Weg« der Katalysator dafür war, dass ich mich nach fünfzehn Jahren Ehe von meinem ersten Mann scheiden ließ. Obwohl wir uns schon länger auseinander gelebt hatten und eine Scheidung nur eine Frage der Zeit war, litt meine Tochter sehr unter meinem scheinbaren Mangel an Verständnis für ihre Situation und unter der

Wut ihres Vaters über die Entwicklung in meinem persönlichen Leben. Er lehnte alles ab, was mit dem Sonnentanz zu tun hatte, wollte nichts darüber wissen und hielt in unseren Scheidungspapieren ausdrücklich fest, dass ich unsere Tochter nicht ohne seine Erlaubnis zum Sonnentanz oder ähnlichen Zeremonien mitnehmen durfte.

Innerhalb eines Jahres änderte sich fast alles in meinem Leben. Meine Mutter, die versuchte, mich zu verstehen, und mich nicht zurückstieß, hatte Angst, dass ich zu viel aufgeben würde – mein Geigenspiel, mein Tennis und überhaupt mein ganzes Leben, das ich mir bis zu diesem Zeitpunkt aufgebaut hatte.

Es gibt ein Sonnentanz-Lied mit dem Titel »Lied der Frau, die ihr Leben einer Sache widmet«, das zu meinen Lieblingsliedern gehört. Es erzählt die Geschichte einer Frau, deren Mann in den Krieg zieht. Sie wartet darauf, dass er zurückkommt, doch er kommt nicht. Schließlich tanzt sie aufgrund ihrer Liebe und Hingabe zu ihm von einer Klippe in den Tod. Für mich hat dieses Lied immer davon gehandelt, wofür wir als Frauen zu leben und zu sterben bereit sind. Wenn ich vorher gewusst hätte, was dieser neue Weg von mir verlangt, hätte ich vielleicht gesagt: »Tut mir Leid, holt euch jemand anderen. Dieses Opfer ist zu schwer für mich.«

Während dieses Übergangs von einer Lebensform in eine andere hatte ich einen sehr schweren Autounfall und generell das Gefühl, dass mir der Tod ständig auf den Fersen war. Doch besaß ich genug Vertrauen in meine innere Führung, dass ich immer wieder einen Fuß vor den anderen setzen konnte, obwohl mein Leben, so wie ich es kannte, an allen Ecken und Enden auseinander brach. Ohne die Hilfe von Rod hätte ich diese Zeit nie überlebt.

Einen Monat vor meinem ersten aktiven Sonnentanz schickte mich Martin High Bear (der begleitende Medizinmann) für eine Visionssuche drei Tage und Nächte auf den Berg. Es war meine erste Fastenerfahrung, die länger als einen Tag dauerte. Diese Visionssuche war für mich ein ungeheuer tief greifendes Erlebnis. Jeden Tag kam Rod und schaute nach mir; als er zum ersten Mal erschien, dachte ich, er sei eine Vision.

Mein erster Sonnentanz fand in Pilot Rock in der Nähe von Ashland, Oregon, statt. Martin High Bear war der *Intercessor* und Rod, der auch tanzte, meine einzige Hilfe. Ich hatte zu einem früheren Zeitpunkt Martin Tabak dargeboten, um am Tanz teilnehmen zu können. Er machte damals nicht viele Worte, sondern sagte nur: »Vergiss nicht, hiermit gehst du eine vierjährige Verpflichtung ein.« Das wiederholte er dreimal. Viele Tänzer vergessen, dass sie nur ein »Versprechen« einhalten, bis sie ihre Verpflichtung für vier Jahre und damit das Versprechen erfüllt haben. Vier Jahre, vier Tage Tanzen – so habe ich es gelernt, und so gebe ich es an andere weiter. Manchmal, so wie in meinem Fall, wird diese Verpflichtung auf vier Jahre zu einer freiwilligen lebenslangen Verpflichtung.

Es ist sehr wichtig, einen guten Grund für das Tanzen zu haben; ohne einen triftigen Grund könnte der Tänzer leicht in die Versuchung kommen aufzugeben, wenn es unangenehm wird. Und es wird sehr unangenehm, das kann ich Ihnen versprechen. Nachdem ich viel gebetet hatte, wurde mir klar, dass der Grund, warum ich am Sonnentanz teilnehmen wollte, mit meiner Tochter zu tun hatte, die gerade vierzehn Jahre alt geworden war und sich genau wie viele ihrer Altersgenossen in einer schwierigen Übergangsphase befand. Mittlerweile weiß ich, dass einer der Gründe, warum ich auf diesem Planeten bin, darin besteht, Beschützerin der weiblichen Energie zu sein, die durch den Skorpion symbolisiert wird. Obwohl ich also meiner Tochter durch meine Scheidung ungewollt Schmerzen verursacht hatte, konnte ich dennoch für sie und ihre Freunde beten, damit die *Grandfathers and Grandmothers* sie beschützen und ihnen den spirituellen Weg zeigen würden, der für sie der richtige ist.

Ich erinnere mich noch genau, wie ich in jenem ersten Jahr den Sonnentanz-Kreis betrat. Da ich die anderen Frauen, die tanzten, an Körpergröße übertraf, wurde mir der Platz direkt hinter dem letzten männlichen Tänzer zugewiesen, der – wie sich herausstellte – einer der widerstandsfähigsten Tänzer war und den ich bereits im Jahr zuvor beim *Four-Nations*-Tanz gesehen hatte. Ich war zwar auf das Leiden vorbereitet, das mich erwartete, jedoch nicht auf die Gefühle von Liebe und Freude, die mich in diesem ersten Sonnentanzjahr erfüllten. Es ist ein ungeheures Privileg und eine große Ehre, am Sonnentanz teilnehmen zu können, und ich spüre das immer in meiner Seele, sobald ich diesen geweihten Kreis betrete. Es gibt in diesem Moment keinen anderen Ort auf der Welt, an dem ich lieber sein möchte.

Manche Leute sagen, dass der erste Sonnentanz, an dem man teilnimmt, der schwerste ist. Ich empfand das nicht so. Bei meinem ersten Sonnentanz hagelte es und das vom Himmel niederprasselnde Eis war ein Segen für die Tänzer.

Für mich war das zweite Jahr in physischer Hinsicht das härteste und ich verstand, was Martin High Bear gemeint hatte, als er sagte: »Wir sind allesamt bemitleidenswerte Geschöpfe.« Dieser Sonnentanz fand in Nordkalifornien statt, in einer Gegend, die mich an die Hölle erinnerte. Es gab keinerlei Vegetation außer einer stacheligen Pflanze mit Namen »Star Thistle«, deren Dornen so spitz waren, dass sie Autoreifen durchstechen konnten. Auch gab es nicht den geringsten Schatten, weder für die Tänzer noch für die Verwandten und Freunde, die gekommen waren, um die Tänzer mit ihrer Anwesenheit und ihren Gebeten zu unterstützen. Darüber hinaus betrugen die Temperaturen jeden Tag mehr als vierzig Grad!

Doch was das Tanzen besonders schwer und beinahe unmöglich machte, war der Wind. Jeden Tag um die Mittagszeit kam der Wind und sog das letzte bisschen Flüssigkeit aus der Luft und aus den Körpern der Tänzer. Der Sonnentanz hatte mit sechzig entschlossenen Tänzern begonnen, doch bereits am Ende des ersten Tages flehten viele von ihnen um Wasser. Eine meiner Freundinnen ging so weit, dass sie ihren Finger in ihren Urin steckte, nur um etwas Flüssiges zu berühren. Seit diesem Erlebnis habe ich Wasser nie mehr als etwas Selbstverständliches hingenommen.

Nur vierzehn Sonnentänzer hielten es die ganzen vier Tage lang aus – und ich gehörte nicht dazu. Ich hielt bis zum dritten Tag durch und half den anderen Sonnentänzerinnen, die sich in einem Zustand des Deliriums befanden. Eine von ihnen war eine Freundin von mir. Sie fiel am zweiten Tag in Ohnmacht und es dauerte eine Weile, bis sie das Bewusstsein zurückerlangte. Als sie wieder zu sich kam, noch immer im Mysterienkreis, sagte sie zu mir: »So sollte ein Sonnentanz nicht sein.« Ich weiß noch, dass ich dachte, ihre Erwartungen hätten ihre Fähigkeit beeinträchtigt, besser mit ihren Kräften umzugehen. Wie, fragte ich mich, sollte ein Sonnentanz denn sein?

Ich verließ den Kreis am dritten Tag, da ich nicht mehr in der Lage war, mich auf meine eigenen Gebete zu konzentrieren. Inmitten eines so überwältigenden Leidens wurde ich immer mehr zur Helferin, was mein Tanzen und Beten beinahe unmöglich machte. Dies war das einzige Mal in den fünf Jahren, seit ich am Sonnentanz teilnehme, dass ich den Mysterienkreis vorzeitig verlassen habe.

Erst seit den letzten vierzig, fünfzig Jahren nehmen auch Frauen an Sonnentänzen teil. Einige Leute sagen, dass die einzige Rolle der weiblichen Tänzer darin besteht, die Männer zu unterstützen. Vielleicht war das am Anfang tatsächlich so, doch heute tanzen viele Frauen aus persönlichen Gründen.

Nach meinem zweiten Sonnentanz starb Martin High Bear und ich begann mit Godfrey Chips, einem anderen Lakota-Medizinmann, zu tanzen. Rod war einer der Helfer bei diesem Tanz. Erst während dieses dritten Jahres, als ich Victoria Chips, Godfreys Mutter, kennen lernte, begann ich langsam die Rolle der Frauen beim Sonnentanz zu verstehen.

Grandma Chips war Ende siebzig, als ich sie zum ersten Mal traf. Sie war – und ist nach wie vor – eine kleine, aber unglaublich starke Frau, die alle vier Tage hindurch tanzte und durch deren bloße Gegenwart ich eine Menge lernte. Sie kannte keine Angst und tat freimütig ihre Meinung kund. In ihrer Nähe spürten die Menschen die weibliche Energie, die der männlichen Energie des Sonnentanzes absolut gleichwertig ist. Wenn es nötig war, gab sie ihrem Missfallen sowohl direkt als auch indirekt Ausdruck. Einmal sah ich, wie sie sich vor den Osteingang des Mysterienkreises setzte, den zu überschreiten weder Tänzern noch Unterstützenden *(Supporters)* gestattet ist. Niemand hinderte sie daran.

Während meines vierten Tanzes ernannte mich Godfrey zur »Mutter des Tanzes«. Es war der Tag vor dem *Tree Day.* Ich hatte mich gerade zu einem kleinen

Mittagsschlaf in mein Zelt zurückgezogen, als Michael Two Feathers an meine »Tür« klopfte. Ich setzte mich auf und Michael sagte: »Godfrey möchte, dass du die Mutter des Tanzes bist.« Ich erwiderte nichts und fragte mich, was um alles in der Welt er damit meinte. Da ich kein Wort sagte, fragte Michael: »Schläfst du noch oder denkst du nach?« Ich sagte: »Ich denke nach.« Er antwortete: »Nun, das ist gut, aber es wird so geschehen, wie Godfrey gesagt hat.«

Dann ging er.

Ich hatte nicht die leiseste Ahnung, was es bedeutete, die Mutter des Tanzes zu sein, noch wusste ich, was ihre Aufgaben waren. Bei allen Sonnentänzen, an denen ich teilgenommen hatte, stand den Frauen nur eine Helferin zur Seite, die »führende Tänzerin« *(Lead Woman Dancer)*. Bei manchen Tänzen spielte zwar noch eine weitere Frau eine wichtige Rolle, in deren Obhut sich während der Zeremonie die Sonnentanz-Pfeife befand, eine symbolische Verkörperung der »weißen Büffelkalbfrau« *(White Buffalo Calf Woman)*, doch hatte ich noch nie etwas von einer »Sonnentanz-Mutter« gehört.

Glücklicherweise war Grandma Chips da.

Zu ihr ging ich, brachte ihr Tabak mit und fragte sie, was ich zu tun hatte. Ich brauchte so etwas wie eine Arbeitsplatzbeschreibung. Sie sagte, ich solle darüber nachdenken, was es bedeutet, eine »Mutter« zu sein, und forderte mich auf, »zum Baum zu gehen, wenn die Männer gepierct werden, für sie zu beten und zu helfen, ihren Schmerz erträglich zu machen«.

Das traute ich mir zu. Doch hatte ich bis zu diesem Zeitpunkt noch nicht die Macht von dem erkannt, was an diesem Baum passierte – die Schmerzen, das Leiden und die Intensität von allem, was dort geschah. Zudem war dies das vierte Jahr meiner Verpflichtung zum Sonnentanzen, was bedeutete, dass ich auch dieses Mal fastete und meinen eigenen Tanz tanzte. Und jetzt sollte ich also außerdem den anderen Tänzern beistehen. Godfrey erinnerte sich wohl daran, dass der Grund, warum ich tanzte, damit zu tun hatte, dass ich Mutter war. Doch vielleicht hat er über diese Tatsache gar nicht weiter nachgedacht.

Wie auch immer, in jener ersten Piercing-Runde am ersten Tag, als die Adlertänzer sich neben den Baum legten, um sich die Haut auf der Brust durchstechen zu lassen, tanzte ich, meine *Chanunpa* in der Hand, auf den Baum zu, kniete mich hinter den Kopf des Mannes, der auf der Büffelhaut lag, und begann zu beten, während Michael und Rod ihn piercten.

Ich erinnere mich nicht daran, was genau ich betete, doch am Ende dieser ersten Runde fühlte ich mich sehr schwach. Ich fühlte mich so, wie ich mich sonst immer erst am dritten Tag der Zeremonie gefühlt hatte. Ich weiß noch, dass ich dachte, Godfrey habe die falsche Frau für diese Aufgabe ausgesucht, dass ich nicht stark genug dafür sei und dass sie besser jemand anderen finden sollten.

Ich sagte Marilyn, der führenden Tänzerin, was in mir vorging, und sowohl sie als auch Rod halfen mir zu erkennen, dass ich die Schmerzen der Männer auf mich genommen hatte und meine eigenen Helfer bitten musste, mich zu schützen. Als Grandma sagte, ich solle helfen, »den Männern ihren Schmerz zu nehmen«, hatte sie nicht erwähnt, dass ich gleichzeitig mich selbst schützen musste. Ich würde niemandem helfen können, wenn ich schwach wurde und nicht mehr in der Lage war, den körperlichen, emotionalen, geistigen und spirituellen Schmerz der Männer zu ertragen.

Ich erkannte, dass es sich hierbei um eine der wichtigsten Lektionen im Leben handelt: nämlich wie ich in meiner Mitte bleiben kann, wenn die Menschen um mich herum konfus, krank oder wütend sind. Dies ist zudem eine der wichtigsten Lektionen der Mutterschaft, die dann am schwierigsten zu erlernen ist, wenn unsere Kinder leiden: Ihre Schmerzen sind nicht unsere Schmerzen.

Rod und Marilyn gaben mir damals ein paar spezifische Instruktionen, wie ich meinen eigenen Schutz aufrechterhalten konnte, die ich heute nicht nur beim Sonnentanz anwende, sondern auch im Umgang mit meiner eigenen Tochter, mit meinen Klienten und mit meinem Ehemann. Ihre Anweisungen halfen mir, diesen ersten Tanz gut zu überstehen. Mit jedem weiteren Jahr lerne ich durch meine Rolle als Mutter des Sonnentanzes mehr über diese und andere Lektionen.

Ich glaube, dass beim Sonnentanz eine starke weibliche Präsenz von großer Bedeutung ist. Es stimmt, dass beim Sonnentanz viel männliche Energie freigesetzt wird. Manche Leute sagen, einer der Gründe für den Tanz sei der, dass Männer eine Ahnung davon bekommen würden, was es bedeutet zu gebären. Wenn die Männer an den Baum gebunden werden, sind sie symbolisch mit der Mutter (der Erde) verbunden. Uns Frauen wird diese Verbindung sowohl jeden Monat durch unsere *Moontime* deutlich gemacht als auch in den neun Monaten, wenn wir ein Kind unter dem Herzen tragen. Männer haben normalerweise keine derartigen Erfahrungen, die ihnen die Wichtigkeit dieser Verbundenheit bewusst machen könnten. Der Sonnentanz ist ein Geschenk von *White Buffalo Calf Woman* an die Männer, damit sie diese Verbundenheit erfahren können.

Bei den meisten Sonnentänzen ist es Frauen, die gerade ihre Menstruation haben, nicht gestattet, sich in die Nähe des Mysterienkreises zu begeben. In den Reservaten bleiben die meisten menstruierenden Frauen einfach zu Hause. Doch manchmal gibt es auch einen besonderen Ort, der für sie reserviert ist: die so genannte *Moonlodge.*

Als ich das erste Mal tanzte, wusste ich nichts über die *Moonlodge* oder ihren Zweck. Ich wusste nur, dass es ein Ort war, an dem menstruierende Frauen von den anderen isoliert wurden, und dass die meisten Frauen Angst davor hatten, dorthin gehen zu müssen, denn es bedeutete, dass sie nicht dem Sonnentanz beiwohnen konnten. Da es wenige ältere, weise Frauen gibt, die sich noch an die alten Rituale der *Moonlodge* erinnern, war es Rod, mein Mann, der mir die ersten diesbezüglichen Lehren erteilte. Er hatte immer großen Respekt vor dem Zyklus der Frauen und reagierte nie ängstlich oder angewidert auf die Menstruation, im Gegensatz zu manchen anderen Sonnentänzern. Er hat mir stets gesagt, dass die »Mondzeit« Teil des natürlichen Lebens und eine Zeit großer Kraft für die Frauen sei. Außerdem sagte er: »Man spielt nicht mit der Medizin der Frauen.« Doch musste ich selbst herausfinden, was es mit der Medizin der Frauen auf sich hat und welche ungeheure Kraft uns als Frauen innewohnt.

In den letzten fünf Jahren gehörte es zu meinen Aufgaben als Sonnentanz-Mutter, mich mit der ursprünglichen Bedeutung der *Moonlodge* vertraut zu machen und dieses Wissen an andere Frauen weiterzugeben. Außerdem half ich bei den Sonnentänzen, an denen ich teilnahm, die *Moonlodge* herzurichten und die Frauen im rechten Umgang damit zu unterweisen.

Ich übernahm diese Rolle, da keine älteren, erfahrenen Frauen anwesend waren, die diese Aufgabe hätten erfüllen können. Bis zu diesem Zeitpunkt war die *Moonlodge* von Männern geleitet worden. Doch irgendwann wurde allen Beteiligten klar, dass den Männern diese Verantwortung nicht nur unangenehm war und dass sie sie nicht wollten, sondern es auch völlig unangebracht war, dass sie diese Aufgabe überhaupt übernommen hatten. Beim Sonnentanz sollte es so sein, dass Frauen von Frauen lernen und Männer von Männern.

In den letzten fünf Jahren habe ich mit einer kleinen Gruppe von Frauen alles gelesen und studiert, was wir über die *Moonlodge* finden konnten. Da die Anthropologen nur sehr wenige Informationen zu diesem Thema gesammelt haben, wurden uns die meisten unserer Lehren von ein paar älteren Indianerfrauen zuteil, die sich noch an die überlieferte Art erinnern, sowie durch gemeinsame Gebete und Diskussionen. Uns ist klar geworden, dass die *Moonlodge* eine Zeremonie darstellt – eine sehr alte und machtvolle Zeremonie mit ihrer eigenen Struktur, ihren eigenen Liedern und ihren eigenen Lehren. Auf diese Weise ist sie durchaus mit dem Sonnentanz vergleichbar, indem sie ein Wegweiser zu unserem innersten Wesen ist, zu dem, was wir als Frauen auf diesem Planeten verkörpern.

Die Energie der *Moonlodge* unterscheidet sich sehr von der des Sonnentanzes. Der Sonnentanz ist eine »äußere« Zeremonie, die *Moonlodge* eine »innere«. Der Sonnentanz hat mit Leiden zu tun, die *Moonlodge* mit Entspannung und Trost. Der Sonnentanz dreht sich um das »Tun«, die *Moonlodge* um das »kreative Geschehenlassen«. Der Sonnentanz hat mit der Sonne zu tun, die *Moonlodge* mit dem Mond.

Es liegt an diesen sehr machtvollen Unterschieden, dass wir die verschiedenen Zeremonien nie vermischen – denn die Energie der einen lenkt von der anderen ab. Das ist der Grund, warum manche Leute sagen, dass menstruierende Frauen den Sonnentänzern Unglück bringen können – nicht weil sie schlecht sind oder irgendetwas mit ihnen nicht stimmt, sondern weil die Frauen in diesem Zustand besonders stark und mächtig sind. Meistens wissen wir Frauen nicht um unsere Kraft und es erscheint uns ein wenig seltsam, dass unsere Gedanken und Gebete eine solch überwältigende Wirkung ausüben können. Doch ich habe die Kraft der Gebete von Frauen in der *Moonlodge* selbst erfahren, da ich eine von ihnen war.

Anders als der Sonnentanz ist die *Moonlodge* eine Zeremonie, die von Frauen jeden Monat gehalten werden könnte, da wir jeden Monat menstruieren. Ich kenne nur wenige Frauen, die sich tatsächlich jeden Monat in eine *Moonlodge* zurückziehen. Doch Sonnentänzerinnen, denen die Bedeutung dieser Zeremonie klar geworden ist, würdigen ihre monatliche Menstruation in der einen oder anderen Weise, wodurch sie ihre eigene Kraft während dieser speziellen Zeit spüren und erkennen.

Wenn die gleichzeitig stattfindende *Moonlodge* als eigenständige Zeremonie verstanden wird, bietet die Energie dieser Zeremonie einen Ausgleich zu der männlichen Energie des Sonnentanzes und der Tanz wird durch die Frauen in der *Moonlodge* zu einem noch stärkeren Erlebnis. Doch wenn der Aspekt der Zeremonie bei der *Moonlodge* nicht gewürdigt wird, reduziert sie sich lediglich zu einer Art »Auffangbereich« für menstruierende Frauen, was zu Unstimmigkeiten, Disharmonie und Spannungen führen kann. Die Energie der *Moonlodge*-Zeremonie, ob positiv oder disharmonisch, wird nicht nur dort und im Camp von den Verwandten und Freunden der Sonnentänzer empfunden, sondern auch von den Tänzern selbst. Sie wirkt sich auf alle Anwesenden aus.

Ähnlich verhält es sich auch außerhalb des Sonnentanzes. Wenn wir Frauen uns und unsere Mondzeit ehren, sind wir stärker in Berührung mit unserem wahren Wesen, sind mächtiger und besser in der Lage, andere Menschen auf positive Art zu beeinflussen. Wenn wir den Kontakt zu unserem Inneren verloren haben und unsere Menstruation als einen »Fluch« oder etwas Negatives betrachten, geraten wir schnell aus dem Gleichgewicht und es besteht die Gefahr, dass wir eine negative Wirkung auf andere haben.

Aus diesem Grund ist es von großer Wichtigkeit, dass wir Frauen uns mit der Zeremonie der *Moonlodge* vertraut machen und sie an unsere Töchter weitergeben. Es ist nicht Aufgabe der Männer, für uns zu sorgen – wir müssen wieder mit uns selbst und mit unserem Körper in Kontakt kommen. Wenn uns dies gelingt, können wir eine sehr kraftvolle Wirkung auf unsere Umgebung und die Welt im Allgemeinen haben.

Es gibt sowohl für den Sonnentanz als auch für die *Moonlodge* bestimmte Richtlinien. Im Sonnentanz-Kreis geht man davon aus, dass die Tänzer sich in einer anderen Realität befinden; sie stellen weder mit den Zuschauern Augenkontakt her noch reden sie miteinander über belanglose Dinge. In der *Moonlodge* befinden sich die Frauen ebenfalls an einem geweihten Ort und weder kommen Freunde sie dort besuchen noch haben sie Kontakt mit Männern. Entsprechend den Aussagen der älteren Indianerfrauen wurden die menstruierenden Frauen früher vier Tage lang völlig von den anderen Stammesmitgliedern isoliert, und nicht nur während des Sonnentanzes. Es wurde von ihnen erwartet, dass sie die meiste Zeit in der *Moonlodge* mit Gebeten verbringen. Ältere Frauen jenseits der Wechseljahre brachten ihnen Nahrung und in manchen Kulturen war es den Frauen freigestellt, sich mit Perlenarbeiten oder anderen handwerklichen Betätigungen zu beschäftigen.

Nach meiner persönlichen Erfahrung ist dieser Aufruf zur Isolation beziehungsweise Zurückgezogenheit von der Familie eine der schwierigsten Richtlinien für uns Frauen, da unsere westliche Kultur keinen großen Wert auf Meditation und Kontemplation legt und ihren Kindern nicht hilft, die Bedeutung der Ruhe zu lernen. Doch ohne diese Richtlinie verliert die *Moonlodge* ihre Macht als Zeremonie für Frauen, durch die sie mit der ihnen innewohnenden Kraft in Berührung kommen können.

Anhang

Glossar

Altar

Die besondere Anordnung aller Objekte eines Rituals vor Beginn der Zeremonie, die je nach Ritual und Medizinmann verschieden ist.

Buffalo Skulls

Büffelschädel, die durch ein Seil verbunden sind und von manchen Sonnentänzern so lange durch den äußeren Mysterienkreis gezogen werden, bis die Haut reißt. In der Regel handelt es sich hierbei um acht Schädel, die an der Haut zwischen den Schulterblättern des Tänzers befestigt werden. Eine besonders intensive Form des Piercings, zu der sich nicht jeder Teilnehmer berufen fühlt.

Chanunpa

Lakota-Wort für die »heilige Pfeife«, die in anderen Sprachen oft auch »Friedenspfeife« genannt wird. *Cha* bedeutet so viel wie Holz oder Baum, und *nunpa* heißt zwei. Sie ist ein rituelles Instrument, das von den meisten Indianern Nordamerikas benutzt wird, und sie besteht normalerweise aus einem ellbogenförmigen Steinkopf, der mit einem hölzernen Griff verbunden ist. Die *Chanunpa* wird in erster Linie dafür benutzt, mit den Geistern zu kommunizieren, und von manchen Medizinmännern als das heiligste Werkzeug der Welt bezeichnet. Gefüllt wird sie mit *Kinnikinikk*, einer Tabakmischung aus einheimischen Kräutern.

Eagle Dancer(s)
Das sind in der Regel drei männliche Tänzer, die während der ganzen vier Tage mit dem Baum verbunden bleiben, im Mysterienkreis schlafen und nur für das *Inipi* den Kreis verlassen. Sie reißen sich erst am vierten Tag des Tanzes vom Baum los. Allein sie zu sehen ist ein Quell der Kraft.

Five-Stick-Zeremonie
Ein wichtiges Ritual der Lakota, bei dem derjenige, für den die Zeremonie durchgeführt wird, eine Frage stellt, die von den *Tunkashilas* beantwortet wird.

Give-away
Wörtlich: weggeben. Nach dem Sonnentanz oder anderen Zeremonien verteilen die Teilnehmer zum Dank Geschenke an die Anwesenden. Dabei gibt es entweder bestimmte Dinge für bestimmte Personen oder alle Gaben werden ausgebreitet und jeder kann sich nehmen, was er möchte. Immer eine heitere und aufregende Angelegenheit – und nicht nur für die Kinder …

Grandmothers, Grandfathers
Vorfahren, Ahnen. Auch: *Tunkashila* (der »Große Geist«), der sowohl männliche als auch weibliche Aspekte hat.

Inipi
Schwitzhütten-Zeremonie der Lakota. Ein Reinigungsritual für den Körper und die Seele.

Intercessor
Fürsprecher. Der den Sonnentanz begleitende Medizinmann, der sich sowohl bei den *Tunkashilas* für die Tänzer einsetzt als auch Botschaften der Geister an die Tänzer, Helfer und den Sonnentanz-Leiter weitergibt.

Moonlodge
Frauen, die während des Sonnentanzes ihre Periode *(Moontime)* bekommen, ziehen sich in die *Moonlodge* zurück. Dort müssen sie sich um nichts kümmern. Nur die Kleinkinder sind bei ihnen, die größeren werden von der Gemeinschaft versorgt. Die Frauen können sich mit Dingen beschäftigen, die ihnen Freude machen, die Gesellschaft anderer Frauen genießen und für die Sonnentänzer beten. Ihre Gebete in dieser Zeit werden als besonders machtvoll betrachtet. Die *Moon Women* werden von Frauen im Sonnentanz-Camp, die jenseits der Wechseljahre sind, mit allem versorgt, was sie brauchen. Wenn ihre *Moontime* vorbei ist, können die Frauen wieder als *Supporter* am Sonnentanz teilnehmen.

Moontime
Die Zeit der monatlichen Menstruation.

Peace Corps
Amerikanische Organisation, deren Mitglieder es sich zur Aufgabe gemacht haben, als Freiwillige an weltweiten Krisenorten – bei Hungersnöten, Kriegen, Naturkatastrophen et cetera – Hilfe zu leisten.

Piercing
Das Durchstechen der Haut auf der Brust oder auf dem Rücken (nur bei männlichen Tänzern), um sich dann mit einem Strick, der an Adlerkrallen in der Brust befestigt wird, zunächst mit dem Sonnentanz-Baum verbinden zu lassen und sich später von ihm loszureißen. Ein Aspekt des Sonnentanzes, der bei den meisten Menschen, die zum ersten Mal davon hören, zu Unrecht, jedoch verständlicherweise, Entsetzen auslöst. Manche weiblichen Sonnentänzer piercen die Haut am Oberarm und lassen eine Adlerfeder befestigen, die sie später losreißen. *Supporter* des Sonnentanzes, wie Freunde, Familienmitglieder oder sonstige Anwesende, haben in der Regel die Möglichkeit, sich zwischen den Tanzrunden von den Helfern symbolisch kleine Hautstückchen aus dem Oberarm entfernen zu lassen (man spürt dabei kaum etwas), die dann behutsam in ein Stück Baumwolle gelegt und als *Prayer Ties* am Mysterienbaum befestigt werden. Dieser Vorgang verstärkt auf schöne Weise das Gefühl der Zusammengehörigkeit.

Powwow
Während der Sonnentanz eine heilige Zeremonie ist, handelt es sich bei einem *Powwow* um ein geselliges und farbenprächtiges Zusammensein der Indianer, bei dem getanzt, gesungen, getrommelt und gegessen wird, wo Familien sich zusammenfinden und Freundschaften geknüpft werden. Auch Nichtindianer sind willkommen.

Prayer Ties, Tobacco Ties
Ein Stück Baumwolltuch von ungefähr drei Zentimetern Breite, in das eine Prise Tabak als Gebet gefaltet und dargebracht wird. Diese »Gebetsketten« werden dann vor dem Altar ausgebreitet beziehungsweise am Sonnentanzbaum befestigt.

Red Road
Die *Red Road*, den »roten Pfad«, zu beschreiten bedeutet, gemäß den Traditionen der nordamerikanischen Indianer zu leben. Ein Mensch, der die *Red Road* wählt, ist bemüht, in seinem Leben Ehrlichkeit, Offenheit, Mut und Mitgefühl walten zu lassen und im Einklang mit der Natur und ihren Gesetzen zu leben.

Spirit(s)
Geist, geistige Wesenheiten, *Tunkashilas*.

Südlicher, nördlicher, westlicher und östlicher Eingang
Der Mysterienkreis hat vier Eingänge, je einen für die vier Hauptrichtungen, wobei der Osteingang von Nichttänzern nie überschritten werden darf.

Supporter(s)
Beim Sonnentanz anwesende Familienmitglieder, Freunde und andere Personen, die gekommen sind, um mit ihren Gebeten und Aktionen die Sonnentänzer zu unterstützen.

Tree Day
Der letzte Tag vor Beginn des Sonnentanzes, an dem der Baum für den Mysterienkreis gefunden und gefällt wird. Die Sonnentänzer, der Medizinmann und die *Supporter* gehen gemeinsam los und wählen den passenden Baum aus, der dann – ohne jemals den Boden zu berühren – zum Sonnentanzplatz gebracht und in der Mitte in einem vorher ausgehobenen tiefen Loch in der Erde verankert wird.

Tunkashila(s)
Lakota-Wort für »Großvater«, die Ahnen im Allgemeinen. Entspricht unserem Begriff von »Gott«. Auch »Großer Geist«.

Two Step
Eine besonders mühevolle Art des Tanzens, wobei der Tänzer im Rhythmus des Tanzes anstatt einmal immer zweimal mit dem Fuß aufstampft.

Valuta
Von der Rinde befreite und rot angemalte gerade *Choke-Cherry*-Zweige, an dessen oberen Ende sich ein Stück Baumwollstoff in den Farben Rot, Schwarz,

Weiß oder Gelb befindet und mit denen zum Beispiel der Bereich für ein *Vision Quest* oder (unter ausschließlicher Benutzung der roten Farbe) das geweihte Rund des Sonnentanzes abgesteckt wird.

Vision Pit
Überdeckte Erdgrube von zirka drei Metern Durchmesser, in die sich die Betreffenden zwischen ein und vier Tage lang für eine Visionssuche zurückziehen. Wurde früher in erster Linie von Frauen benutzt.

Vision Quest
Die Visionssuche, eine weit verbreitete indianische Tradition, in der vor allem Knaben und Männer in Isolation um eine Vision beten. Eine wichtige Voraussetzung zur Teilnahme am Sonnentanz, wobei sich der Betreffende für einen Zeitraum von drei bis vier Tagen und Nächten ohne Nahrung und Wasser auf einen Berg oder an einen isolierten Ort zurückzieht, wo er um eine Vision betet.

Wakan Tanka
Der »Große Geist«, Gott.

White Buffalo Calf Woman
Weiße Büffelkalbfrau. Bei den Lakota die legendäre Geistfrau, von der sie die erste *Chanunpa* erhielten, die aus dem Schenkelknochen eines Büffelkalbs gefertigt worden war.

Yuwipi-Zeremonie
Eine besondere Zeremonie der Lakota zur Geisteranrufung, bei der der zunächst gefesselte Medizinmann von den Geistern befreit wird. Die *Yuwipi*-Zeremonie wird vor allem zur Heilung von Krankheiten durchgeführt.

Literaturhinweis

Denjenigen unter meinen Lesern, die mehr über die historischen Hintergründe und die Entwicklung des Sonnentanzes der Prärieindianer erfahren wollen und an Stimmen legendärer Medizinmänner wie Fools Crow oder Black Elk zu diesem Thema interessiert sind, lege ich das Buch *Oyate Wica 'Ni Ktelo* von Thomas Mails ans Herz. Der Titel ist zwar in Lakota (und bedeutet so viel wie »Das Volk soll leben«), doch handelt es sich hierbei um eine deutsche Ausgabe, die zu übersetzen ich das Privileg hatte. *Oyate Wica 'Ni Ktelo* enthält darüber hinaus im wahrsten Sinne des Wortes *einmalige* Sonnentanz-Fotos, aufgenommen von Mails nach vorheriger Genehmigung durch Fools Crow anlässlich der Sonnentänze im Rosebud-Reservat in South Dakota in den Jahren 1974/75. Bei manchen traditionellen Indianern und Sonnentanz-Teilnehmern ist das Buch zwar bis heute wegen der Fotos umstritten, doch bietet es eine üppige Quelle an Informationen über diese wunderbare Zeremonie.

Erhältlich über den ARUN-Verlag in Engede,
www.arun-verlag.de.

Kontaktmöglichkeit

Eventuelle Anfragen bezüglich der Teilnahme am Sonnentanz in den USA werden über die unten genannte Kontaktadresse an Michael Two Feathers oder Godfrey Chips weitergeleitet.
Doch empfehle ich dem Interessierten, sich zunächst – wie im Buch erwähnt – sowohl im deutschsprachigen Raum um Informationen zu bemühen als auch die aufgeführten Voraussetzungen und damit zusammenhängenden Erfordernisse zu bedenken.

Kontaktadresse:
Angelika Hansen
c/o Medienagentur Görden
Maximilianstraße 23
D-80539 München

E-Mail-Adresse von Angelika Hansen:
ah333222@yahoo.com

Louise L. Hay

Seit Gesundheit für Körper und Seele vor 20 Jahren zum ersten Mal erschien, ist es zu einem der erfolgreichsten Selbsthilfebücher geworden – mit über 30 Millionen Weltauflage, davon über 1,5 Millionen in Deutschland.

Gesundheit für Körper und Seele
304 Seiten
€ [D] 8,95 / € [A] 9,20 / sFr 16,50
ISBN 3-548-74097-9

Wahre Kraft kommt von Innen
256 Seiten
€ [D] 8,95 / € [A] 9,20 / sFr 16,50
ISBN 3-548-74098-7

Die Kraft einer Frau
192 Seiten
€ [D] 7,95 / € [A] 8,20 / sFr 14,80
ISBN 3-548-74096-0

Das große Buch der heilenden Gedanken
400 Seiten
€ [D] 11,95/ € [A] 12,30/sFr 21,50
ISBN 3-548-74095-2

Die innere Ruhe finden
192 Seiten
€ [D] 6,95/ € [A] 7,20/sFr 12,80
ISBN 3-548-74099-5

Ullstein Taschenbuch